Truth In Fantasy

魔術への旅

真野隆也

新紀元社

序文

魔術――なんとも胡散臭いイメージを持つ言葉です。その理由を考えてみました。魔術という言葉を広辞苑で引くと「魔力をもって行う不思議な術」と書かれています。残念ながらこれではなにもわかりません。魔術の生い立ちをみれば、不当な評価といえるでしょう。しかし、古代社会では魔術や科学はなんの分け隔てもなく人々に受け入れられていました。薬草を採取して効果を調べたり、天体の動きを観察したり、風や雨といった自然現象の持つ意味を考えました。広い意味では神社やお寺で願い事をすることや、タブー、ジンクスも魔術の範囲に入るものです。

そのなかで、合理的に意味づけができたり、再現可能なものについては〝科学〟という名前のもとに集められました。それが科学的ということなのです。ところが、それからはみ出してしまったものがいくつも残りました。合理的な精神では解明できず、実験室でも再現・証明できないものばかりでした。科学はそうしたものをすべて捨て去ったのです。だから科学的思考を徹底的にトレーニングした私たち現代人にとって、魔術という言葉が胡散臭く思えるのは当然なのです。

理解しやすい科学はたちまちのうちに人々の支持を受け、やがては〝科学の進歩こそは人類の進歩〟と見なされるようになりました。しかし今世紀に入って、そうした考えにもかげりが目立つようになりました。〝科学の発展が人々の幸福を約束〟できなくなったのです。地球規模の環境汚染が広まり、その結果、さまざまな病気がもたらされました。核兵器の開発によって人類全体が危機にさらされたことが何度もありました。もちろん、現代の科学というものが完璧ではないことはいうまでもありません。しかし、大事なことをなにひとつ明らかにしていないという科学への非難の声もあります。例えば「生命とはいったい何なのか。どこから来て、どこへ行ってしまうのか」という根本的な質問にも、科学は答えてくれません。

魔術には、ひょっとしたらそれに答えてくれるかも知れない可能性があります。魔術には、宗教のなかで露命を保ってきた側面があります。本書でも幾つかの宗教を紹介しました。宗教には科学に束縛されない〝宇宙観〟〝世界観〟があります。宇宙には意志があり、人間はその意志を実現するために、地上に送りだされたという考え方です。魔術はそうした宇宙の意志、体系づけられた構造を十分に理解した人々によってなされるものだと思われます。これは1＋1＝2という発想の世界ではありません。ひらめきとかイメージ、インスピレーションのなかで見いだせるものです。

しかしながら、こうした事柄はなかなか言葉では伝わるものではありません。心の領域だからです。しかも、魔術の研究者たちは彼らの研究成果をあまり公表しようとはしません。そして、実際に魔術をまのあたりにした人々のうち、柔軟な思考の持ち主だけが、魔術の魅力について触れることができるのです。

本書は魔術と、それをとりまくさまざまな背景について記したものです。もちろん本書に書かれている物語はフィクションであり、実在する人物、場所、宗派、組織とはなんの関係もありません。しかし、だからといって荒唐無稽な内容を持つものでもないのです。本書の物語部分は、魔術に関係するさまざまな書物を基盤として、魔術の魅力やその不思議な世界を紹介することを目的としました。

そして、多くの資料や注を掲載しました。これは、物語として楽しむだけではなく、関係する宗教や思想、社会的背景などの客観的データを提供することにより、魔術世界についての理解を深めるという意図です。この部分については、できるだけ忠実に紹介するように努めました。魔術研究書、歴史書、宗教書、神話、伝説、古代の科学書などを参考にしました。実際に魔術に関心があり、研究を志す読者には、この資料や注が参考になると思われます。

本書が中心に物語（フィクション）を置いたのは、魔術というものがスケールの大きな世界を対象にしており、それゆえに、壮大なロマンに満ちた魅力を内包していることを理解していただきたいからです。この書物をきっかけに、魔術とその世界に興味をもっていただけたら幸いです。

なお、魔術を実際に行使するためには、十分な予備知識と周到な準備が必要です。精神と肉体の鍛練の上で、はじめて魔術が可能となるのです。したがって一般の読者はくれぐれも真似をなさらぬように。

目次

コラム

第一章

近代魔術の発祥の地とされるエジプト。この地はカバラ魔術のルーツとされるイシス神をはじめ多くの神々を崇拝した人々の歴史がある。さらには永遠の謎を秘めたピラミッド。

そうした伝統にはぐくまれて、魔術をみずからのものにするさまざまな試みがなされた。邪眼、護符、ピラミッド・パワー、空中飛行、分身術、召喚魔術……。

シーン 1

エジプトへの招待

システラム

都立高校に通うケンは、学校の成績はいつも平均点、積極的な性格でもなく、だからといってネクラなわけでもない。ごく平凡な若者である。クラスでも自宅でも空気みたいな存在だ。そんなケンだから、ある日突然にこの世界から姿を消しても、誰も気がつかないかも知れない……。

さて、夏休みを前にしたある日のこと、ケンに一通の手紙が届いた。

下田健太郎様

先日は当社が実施いたしました『旅行クイズ』にご応募いただき、ありがとうございました。当社におきまして厳正なる抽選の結果、貴方が一等賞〝エジプト八日間の旅〟に当選いたしました。
つきましては七月二十九日午後二時、成田空港北ウィング出発ロビーにご集合くださいますようお願い申しあげます。
＊旅行の詳細につきましては別紙スケジュール表をご覧ください。
なお、パスポートは各自ご用意くださいますよう、お願いいたします。

以上

七月三日　大日本旅行社　宣伝部

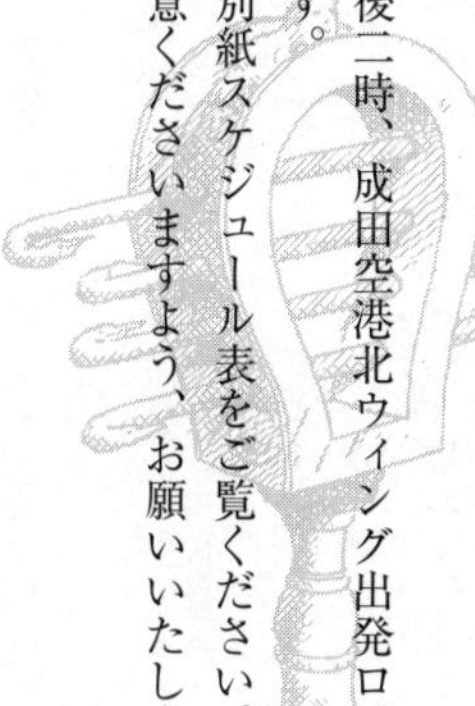

こういうのを青天の霹靂というのだろうか。タダでエジプト旅行に招待されるなんて、なんてラッキーなんだろうと、ケンは有頂天になった。パスポートは去年春に家族旅行で香港にいった時に作っているし、旅行予定日は夏休みだから父親も反対する理由はないはずだ。もっとも、気になることがないわけではない。ケンにはこの旅行社のクイズに応募した記憶がない。たぶん、妹か友達がケンの名前を使って応募したのかも知れない。とも

あれこの招待は自分宛のものなのだ。誰にも文句などいわれるはずがないと思った。

あっという間にエジプト旅行の日がやってきた。成田空港の指定された場所にいくと、旅行会社の旗を持った男がにこやかに応対してくれる。

「いや、どうも。あなたは本当にラッキーな方ですね。神秘あふれるオリエントの旅を楽しんでください。はい、これが飛行機の搭乗券で、これが当社のワッペンです。必ず胸につけてください。さもないと現地のスタッフがわかりませんから」

ケンの質問を聞こうともせず、旅行社の男はこっちに向かってくる若者に駆け寄っていった。ケンと同年代に見えるが、背が高い。しばらく言葉を交わすと、ふたりはケンに近づいて来た。

「さあ、これで皆さんおそろいです。出発時間もあまりありませんから、さっそく手続きをしていただきます」

「待ってください。皆さんってこのふたりだけなんですか？」

「はい、なにか不都合でもありますか」

「いや、ぼくは二、三十人の団体でいくんだとばかり思っていましたから」

「いいえ、ご招待しましたのはあなたたちおふたりだけ。よろしいでしょう。団体旅行なんて失礼なご招待はいたしませんよ」

ケンは思わず同行する若者と顔を見合わせてしまった。彼もとまどっているようだった。ともあれ、旅行会社の男にうながされるまま、いくつかの手続きを済ませてふたりは機上の人となった。同行する若者の名前はリュウといった。ケンと同じく高校生だが、学年はケンよりひとつ上級生で、剣道部のキャプテンだという話だった。

カイロ到着。空港はほこりっぽい熱気に包まれていた。入国手続きを済ませてロビーに出ると、客引きやらポーターやら、物乞いといった連中があっという間にふたりを取り巻いた。皆、口々になにかしゃべっているのだが、ふたりには何をいっているのかまったくわからない。

「困ったな。はやくガイドが来てくれないかなあ」

リュウが頭をかきながらつぶやいた。ケンは自分のリュックを取られないように懸命だ。あっちこっちから手が伸びて、彼らの荷物を持っていこうとするのである。だが、ガイドらしい人物はいっこうに現れない。ふたりはロビーの真ん

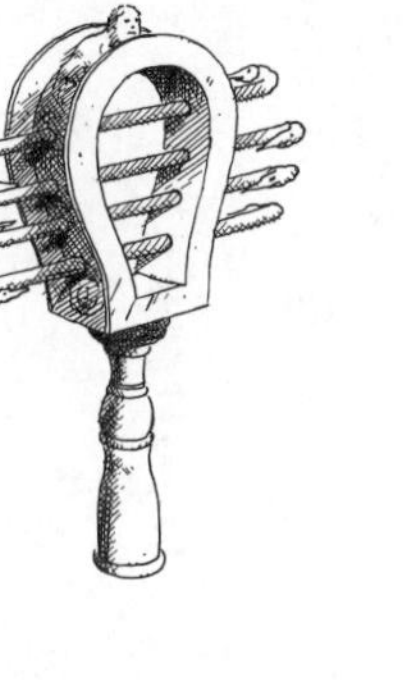

■システラム（Sistrum）

古代エジプトの打楽器。金属製の鳴子の一種で女神イシスの持物として知られている。これは、大地の女神が鳴らす音によって〝万物は常に運動を続けている〟という自然の摂理を象徴したものだ。近代のカバラ魔術学、錬金術の解釈でも、誕生と死の繰り返しという自然の営みに逆らわず、その属性を十分に利用することが魔術本来のあり方とされている。

中で、現地人に取り巻かれながら不安な時間を過ごした。

一時間も経っただろうか。突然、人垣から黒い手が伸びてケンとリュウの腕を引っ張った。

「いやいや、お待たせしたようですな。ともあれ、カイロにようこそおいでくださった。ここからは、わしが案内いたしましょう」

ケンとリュウは思わず顔を見合わせてしまった。ケンの肩にも届かない背丈しかない小男なのである。手首、足首まで隠れる白い長衣（ガラビア）を着て、頭にターバンを巻いた姿は、しつこくいい寄るポーターと変わらない。ぼさぼさの髪に髭、服装も薄汚い。しかも、ひどくうさんくさい雰囲気の持ち主なのだ。ふたりの気持ちを察したのか、小男は妙によくしゃべる。

「これはしたり。この国には危険な連中がたくさんおりますがな、わしのことは心配せんでよろしい。そうじゃった、これをごらんなさい」

男は懐に手を入れ、ヨレヨレになった一枚の名刺を取り出した。

「あなたがガイドさんなんですか。じゃあ、大日本旅行社から依頼されて来たんですね」

ケンの質問に小男はにこりとうなずいた。

「さよう。ミスター・ケンとミスター・リュウですな。おふたりのことはこのダーシモンが万事お引きうけいたします。まあ、大舟に乗ったつもりでいらっしゃい」

エジプト政府観光局公認ガイド
ダーシモン・アリ

リュウが皮肉な笑い方をしてケンの顔をのぞきこんだ。こんな物乞いか詐欺師みたいな男に引きうけられるといったって、誰が安心できるものか。そんな気持ちでいるケンにリュウが話しかけた。

「なんとも立派な大舟だ。まあ、タダ旅行なんだから仕方がないな、ケン。このダーシモンさんにお願いしようじゃないか」

ケンにしてもこのカイロくんだりで、ほかに頼れる相手がいるわけではない。このうさんくさいダーシモンに任せるしか方法がないと思った。

空港を出てカイロ市内に入り、賑やかなバザールに足を踏み入れた。人々は活気に溢れている。荷物を背負ったロバを避けながら進み、一軒のホテルに宿をとった。ホテルとは名ばかりで商人相手の木賃宿といった方が正確だろう。ふたりを前に、ダーシモンは妙に機嫌が良い。

「まずは昼寝をなさい。この時期、昼間の気温は四十度にもなるんでな。わしは二、三時間たったら戻ります。それからカイロ市内を案内することとしましょう」

いわれるままに、シーツも敷かれていない粗末なベッドに横になった。ベニヤ一枚へだてた隣室から、エジプト商人の怒鳴り声が聞こえてくる。なにか取引きのトラブルでもあったのだろうか。長旅の疲れからか、ふたりはたちまち眠りに落ちていった。

予知夢

ケンは奇妙な夢を見た。……目の前に広大な砂漠があった。まるで鳥に乗っているようにケンは空中から砂漠に向かって急降下している。ピラミッドがいくつか見えた。そのなかの一番大きなピラミッドに向かっている。見ると、その頂上に中世の騎士を思わせるふたりの若者がいた。甲冑に身を固め、剣を構えている。次第に顔つきが見えてきた。なんと、ひとりはリュウで、もうひとりはケン自身ではないか。ふたりは空中に向かって身構え、ひどく緊張した様子だ。〝あれっ〟と思っているうちに空中のケンはピラミッド上のケンに吸い込まれていく。その時、真っ黒なかたまりがふたりに襲いかかった。鳥の一種だろうか、翼を広げると十メートルはありそうな、全身真っ黒の怪鳥だ。牙を剥いた狼のような顔つきは狂暴そのものだ。ケンとリュウは必死になって怪鳥の攻撃を避けていた。相手の攻めを逃れるのが精一杯で、とても反撃には出られそうもない。いつの間にか怪鳥はその仲間を増やしていた。二匹、三匹、遠くの空に飛行機の編隊のような怪鳥の群れが見えた。絶体絶命だ。もう腕が痺れて剣を振る力もない。そのとき、ふたりの背後から一匹の怪鳥が襲いかかった。強烈な翼の一撃を受け、ケンとリュウはピラミッドの斜面を転がり落ちていく……。

ケンは悲鳴をあげてベッドから跳び起きた。汗をびっしょりかいていた。ふと見ると、リュウも呆然とした表情でケンを見つめていた。

「へんな夢を見ちゃった」

ケンがつぶやくと、リュウが答えた。

「ぼくも恐ろしい夢を見た。きっと飛行機に乗りつづけで疲れているんだ」

隣室からは相変わらず怒鳴り声がしている。犬が吠えている。やがて、誰かに殴られたのだろうか、犬の悲鳴が聞こえ、遠のいていった。どこからかコーランの詠唱が聞こえている。

予知夢 (Precognition in Dream)

夢のなかで起こった出来事が、数日後に現実となったという経験を持つ人は少なくない。肉親が現れて別れを告げた夢を見た直後に、その人物が死んだという知らせを受けたという例や、旅行の前日に事故の夢を見たので旅行を中止したところ、事故が実際に起こり命拾いをしたという例もある。〝夢は予知能力を持つ〟という発想は現代よりも古代社会において熱心に信じられていた。夢は神や精霊が人間と交信する場であるとされたのだ。日本にも〝初夢〟や〝正夢〟という言葉がある。夢の予知能力はとりわけ聖書のなかで強調されている。ヨセフは家族とともにエジプトを脱出するよう夢で告知され、実際に行動した。また、イエスが死刑を宣告される前、裁判官ピラトの妻は夫に告げたという。「あの義人に関係しないでください。わたしは夢で、あの人のためにさんざん苦しみましたから」。ソクラテスは「有徳の魂を持つ人の夢は高潔で予言的であり、さらには、病を患っている人は神が夢のなかで療法を告げてくれるよう望みながら神殿で眠れば、その通りになる」と主張している。二十世紀にフロイトやユングが夢の重要性に気づき、その象徴的意味を考察するなど、夢の解釈は科学的側面を持つようになった。

シーン 2

不思議との関わり

ダーシモンが迎えに来て街に出た。最初に訪れたのはタハリール広場に面したエジプト博物館。土産物屋の強引な客引きを避けて中に入り、まずは二階の陳列室に向かった。ここには有名なツタンカーメン[*1]の副葬品がある。この博物館の目玉なのだ。展示品の説明を聞きたくても、ガイドのダーシモンは展示品にはまったく興味がなさそうで、ソファでうたた寝の最中である。ケンは仕方なく英語の上手なリュウの助けを借りながら解説文を読んだ。

一階のホールは天井まで吹き抜けになっている。ここは石像の展示室だ。たくさんの石像のなかでも正面の石像はとりわけ巨大なもので、第十八王朝のアメンヘテプ三世王と王妃であると記されている。ケンは高さ八メートルというその大きさに圧倒された。そのとき、ケンは首筋に砂粒が落ちてくるのを感じた。ふと上を見ると、ひと抱えもある石の植木鉢が二階のテラスからケンとリュウの頭をめがけて落ちてくる。

「ああ、駄目だ！」

とっさの出来事に身動きできなかった。悲鳴をあげる余裕もなく頭を潰されると思った瞬間、誰かに突き飛ばされた。植木鉢はケンの足元の床に激突し、木っ端みじんに砕けた。ケンを突き飛ばしたのは、さっきまで居眠りしていたダーシモンだった。

「ふう、おかげで助かったよ、ダーシモン」

護符（スカラベ／アンク）

ケンは床から起き上がって、礼をいった。

「なんの、この街ではこんなことがよくあるのだよ。まあ、注意を怠らないことだ。そうそう、あんたたちに良いものをあげよう」

ダーシモンはポケットをまさぐって、うす汚れたネックレスをふたつ差し出した。皮紐の端にコガネムシを形どった青石で、裏側には象形文字が刻まれている。それともうひとつ、十字架の上部に結び目のような輪がついたものがぶら下がっている。

「なんですか、これは？」

リュウが興味深げにながめながら質問した。

「スカラベでしょう。日本名は糞ころがし、古代エジプトでは富と再生のシンボルとして崇められていた。それから、この変わった形の十字架はアンク。不死の象徴ですね。ふたつとも護符としてすごく効果があるとされている。そうでしょ、ダーシモン」

ケンの説明にダーシモンが満足そうにうなずいた。

「そのとおりだ。よく知ってるね。……そうか、ケンは二階の展示室で護符のコレクションを見たんだ」

「そうなんです。でも、これは本当にお守りの力があるんですか？」

ケンは真剣な面持ちでダーシモンに質問した。たったいま、恐ろしい目にあったのだから本気になるのも無理はない。ダーシモンもまた真面目な顔で答えた。

「もちろんだとも。あんたたちにカイロ空港で会ったとき、この街は危険にあふれているといっただろう。だから自分の身を守るために、これを使うんだ。効き目があるかどうかは、あんたたちの気持ち次第だ」

「どういう意味ですか……。そうか、ぼくたちが信じれば、これも効果があるということか」

リュウは妙に納得した様子だった。

「そうだよ。護符の効果は持ち主の気持ちひとつでどうにでもなる。ただの石ころになるか、生命の次に大事なものになるか、それはあんたたち自身できめることだ。とにかく、首からぶら下げておきなされ。……護符というのは、古い時代の知恵が込められているんだ。世界中にいろんな種類の護符があり、その目的も護身用だったり幸運のおまじないだったりする。なかでもエジプトの護符は、所有者に積極的な霊力を宿らせる効果があるとされているんだよ」

ダーシモンの説明には説得力が感じられた。ケンとリュウはちょっぴり神妙な気持ちで古代エジプトから伝わる護符を受け取った。

タリスマン(Talisman＝護符)

世界各地、およそ人のいるところではどんな地域でも護符というものが存在する。日本の場合、古代社会では勾玉《まがたま》や銅鏡などが悪霊払いや魔物除けという特別な意味を持っていた。現代では神社のお守りなどが代表的なものだろう。もっとも、お守りの場合は〝事故にあわない〟とか〝病気にならない〟〝受験に成功する〟といった、いわば防御的な意味合いが強いが、それらは西洋ではアミュレット(Amulet)といって、もっと積極的な意味を持つタリスマンと区別する場合が多い。タリスマンは、それを所持する人間に、いわば魔術的パワーを与えてくれるものなのだ。したがって、魔術師にとって護符の制作は非常に重要な意味合いを持っている。特定の精霊を召喚する際には、その精霊の象徴をデザインするとか、材料を魔術的論理に従って準備するなど、秘密裏に制作される。

スカラベ (Scarab)

和名はフンコロガシ。カブトムシの一種で、球にした糞のなかに卵を産みつけ、後足で転がして貯蔵場所へ運ぶ習性を持つ。古代エジプトでは玉虫のように輝く身体が崇拝の対象となり、球を転がす様子から、この虫が太陽を移動させていると考えた。また、虫の形が人間の心臓に似ているとされたことなどから〝永遠の生命〟を願う護符として重要視され、ネックレス、指輪などの装身具のデザインに多用された。

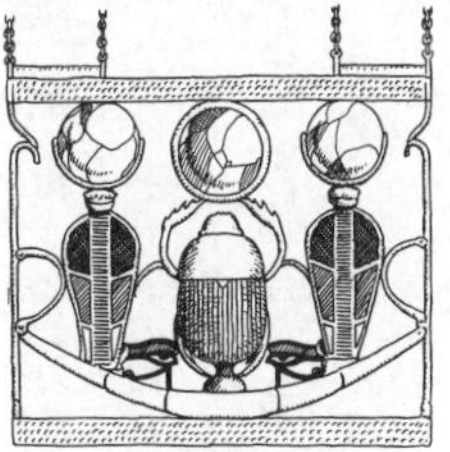

アンク (Ankh)

十字架の一種で古代エジプトでは生命、健康、真実、大宇宙、豊穣の象徴とされた。また、OとTの部分からなることから、Oは守護女神を表し、Tは生命を生み積極性を示すと解釈される。

ブーメラン (Boomerang)、ナイフ (Knife)

いずれも古代エジプトではもっとも身近な武器として使用されていた。常にかたわらに置き、愛用している品物が、その所有者にとって特別な意味を持つことは現代でも同様である。品物は所有者の身体の一部とおなじように考えられ、やがては分身的な意味を持つ護符となる。武器であることは、護符としてもっとも適しているといえるだろう。

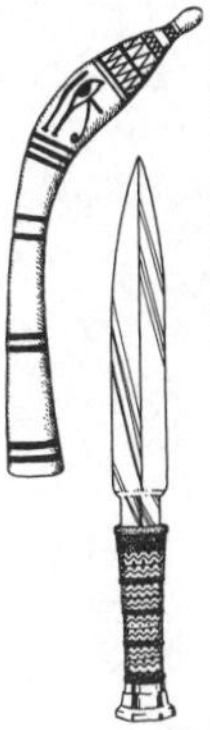

ジェド柱 (Jed)

円柱または四角柱の形をとっている。本来はオシリス神の男根を象徴していたが、やがて、オシリス神の仙骨（聖なる骨）を意味するようになった。つまりオシリス神の恩恵を受けるための護符という意味がある。別説では古代の建築物を象徴していると推理されている。建築物とは神殿を指し、そこに鎮座されている神格を崇拝する意味があると考えられている。

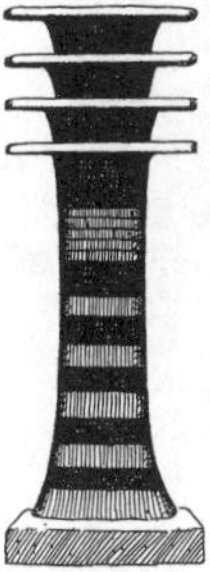

邪眼／邪眼封じ

カイロを訪れる観光客のほとんどがするように、ケンたちはエジプト博物館の次にギザのピラミッド見物に向かった。たいていはタクシーか観光用の馬車を使うのだが、ケンたちの場合は乗合バス。これはダーシモンの懐具合に関係しているようだ。

「見知らぬ街を知るには、そこで暮らす人々に肌で触れ合うことが大切なんだ。わかるかね」

ケンは苦笑いしてリュウを見た。ところが、リュウの方はバスの後部に立つひとりの男を見つめている。

「どうしたの？　リュウ」

「見てごらん、あの男の腕を」

遊び人風の男だった。ぼんやりと窓の景色を見ている。荷物棚のパイプにつかまっているのだが、その腕には刺青がある。ちょっと見るとコウモリのようだが、その頭部はむしろ狼に似ている。ケンは昼間見た夢を思い出した。心臓の動悸が高まった。リュウはケンに向かってうなずいた。

「じゃあ、やっぱりきみも同じ夢を見たんだね」

「そうみたいだ。でも、あの刺青の動物はいったいなんだろう」

ふたりの様子を見ながらダーシモンが答えた。

「あれは悪魔鳥だよ。もっと正確にいえば悪霊のシンボルということだ。あいつは悪霊に自分を売ったようだ」

三人の関心に気がついたのか、男がこちらに振り向いた。猛禽類を思わせる鋭い視線だ。ケンもリュウも、銃口を突きつけられたように身じろぎができなかった。身体が硬直し、足元から心臓に向かって冷たくなってくるような感覚が走った。

「スカラベを握りしめろ！」

耳元でダーシモンがつぶやいたような気がした。ケンは動かない右手を必死で広げて、胸元にぶら下がったスカラベを握りしめた。シャツの上からだったが、青石のスカラベは温かく感じた。その温もりは右手を通して身体中に広がっていく。それとともに麻痺していた身体に、熱い血液が再び流れていった。彼らを見つめていた男の目は途端に鋭さを失ったようだった。男がバス停でおりた途端、ケンの全身から汗が噴き出した。

「なんですか、いまのは？」

ダーシモンは額の汗をターバンの端でふきながら答えた。

「邪眼だ。この国では〝ホルスの眼〟とか〝ウジャト〟というんだ。きみたちは初めての体験かな」

「もちろんですよ。いったい何ですか〝邪眼〟って」

邪眼（Evil Eye）

邪視、凶眼、オーバールック（Over Look）ともいう。ある種の視線が人や物に災いをもたらすとされる考えは世界各地で信じられている。とくに地中海地域、中近東、南アジアで根強い。邪視の持ち主は神や動物（蛇、狐など）のほかに人間であることも多く、邪視の所有者自身が気がつかないことも少なくない。例えば家畜が病死したり、理由がわからないのに不作だったり、人がなにかのはずみで怪我をしたり、突然死などといった不測の事態が起こると〝誰かに邪視された〟ことが原因とされ、邪眼封じの護符を用意したり、逆に攻撃をしかけたりすることが一般的におこなわれた。

『邪視』（F・T・エルワージ著、奥西峻介訳　リブロポート刊）によると、「……古代の人々はすべて、妬みや怒りを抱いた人の目から投射された何か敵意に満ちた影響力が大気を汚染し、生ある物も生なき物もその体を貫き損なうと堅く信じられていた」。たいてい、邪眼の持ち主はその土地の人間ではなく、旅行者とか乞食、渡り職人とされることが多い。

邪眼封じの護符として一般的なのは塩、灰、ニンニクなどのほか、子安貝、鏡、羊の目などが使用された。これらは装身具とされたり、家の入口にかけられたりした。

ホルスの眼 (Horus Eye)

ホルスは古代エジプトの神々のひとりで王権を象徴する天空神。大地を飛ぶハヤブサのイメージから作られたもので、その鋭い視線は邪眼の持ち主にふさわしい。神の強力な邪眼によって対抗することが最良の邪眼封じとなるのである。ホルスが邪眼の持ち主とされるのは理由がある。神話では天界の統治者である太陽神オシリスがロバの頭を持つセト神によって殺される。オシリスの息子として生まれたホルスは、セト神を殺して仇をとり、父オシリスの生まれ変わりとしての役目を果たした。ホルスの眼が邪眼とされるのは、父の仇としてセト神を憎む気持ちの表現である。

マーノ・フィーカ (Mano Fica)

“いちじくの手”という意味のイタリア語。別名を“女握り”ともいわれる。右手の親指を人指し指と中指の間からのぞかせた握り方である。これは世界各地で見られるが、一般的には女性器を象徴し、軽蔑や猥褻を意味する。イタリアでは邪眼の持ち主に対して、密かにこの仕種をすることで邪眼を避けられると信じられている。

七曜のアミュレット (Amulet of the week)

グノーシス派（一～三世紀にローマ帝国周辺部で流行した宗教思想運動）の七曜を形どった護符。日曜日に対応するライオン、月曜にはアカジカ、火曜にはサソリ、水曜にイヌ、木曜に雷、金曜にフクロウ、土曜にはヘビというそれぞれの神のシンボルの中心に邪眼が封じ込まれている。装身具として使用されたり、神殿に飾られた。

「説明してやろう。きみたちは自分が見つめられていることを感じたことがあるだろう。人間の視線というやつは一種のエネルギーを持っているんだ。どんな人間でもな。ところがそのエネルギーに磨きをかけると、強力な武器になる。射すくめられた相手に身動きひとつさせないほどな。いま経験しただろう。場合によっては半身不随になったり、殺されることだってあるんだ。もちろん善意のために使われることもある。死者の再生を助ける〝聖眼〟というのがウジャトの意味だよ」

「でも、なぜ奴はぼくたちを狙ったんだろう」

リュウは邪眼の攻撃にさらされたわけが理解できなかった。それはケンも同じ気持ちだ。

「それなんですよ、わからないのは。いまの事だって、博物館の出来事だって偶然とは思えないんです。ぼくたちはエジプトに来てまだ初日ですよ。誰かにうらみを買うようなことはまったくないんだから……」

「さあ、その理由はわしにもわからんな」

ダーシモンはそれ以外、なにも答えてはくれなかった。

「考えすぎかも知れないな、ケン。ぼくたちはちょっと神経質になっているのかも」

「うん、そうだといいんだけど。でも、なんかこの旅行はおかしなことだらけで気持ち悪いんだよ」

ピラミッド・パワー

青空の下に黄土色の絨毯を敷いたような砂漠が広がっている。その一角に、砂漠と同じ色のピラミッドがあった。絵はがきかポスターでなじみの風景がケンたちの目の前にあった。

「妙な気持ちだね。ピラミッドの前に立っているなんて、この間まで想像もできなかった」

リュウが応じた。

「そうなんだ。はじめて見る景色なのに、こうして実物を前にするとずいぶんと懐かしいような感じがするよ」

ダーシモンが満足気にうなずいた。

「そうだろう。でも、きみたちが見ているのは正真正銘のギザのピラミッドだ。四千五百年前のエジプト人の知恵と汗の結晶、人類が誇る古代オリエント文明のシンボルなんだ」

ダーシモンはようやく本来の仕事を思い出したように、説明をはじめた。

「このなかで一番大きなピラミッドを見てごらん。世界最大のクフ王のピラミッドだ。完成したとき、きれいに磨いた石灰岩が表面を覆っていたんだ。きみたち、想像してごらん。ピラミッドの表面が鏡みたいにピカピカ反射していて、青空や雲までもくっきり映している様子を……。そりゃ、素晴らしい光景だったんだから」

「ダーシモン、まるで自分が見たような口調だね」

リュウがからかうと、ダーシモンはギラリと目を光らせた。

「ところで、きみたち。このピラミッドが作られた目的については知っているかい」

リュウが答えた。

「王族の墓でしょう。もちろんファラオ（王）の富と権威の象徴でもあったと思うんだけど」

ダーシモンは首をふった。

「エジプトにあるたいていのピラミッドはきみのいう通りだ。しかし、このクフ王のピラミッドは違う。そんなに単純なものじゃないんだ」

これにはケンが答えた。

「知っていますよ。日本で知識を仕込んできましたから。日時計や暦、天文台の役目までしていたと推定されているんでしょ」

「その通りだ。このピラミッドの目的は王の墓であるとともに天文台の役目もあった。でも、それだけじゃない。四千五百年前のエジプト人が、その英知の限りを尽くして作り上げたんだ。いかに現代人といえども、そう簡単にすべての目的が理解できようはずがない」

ダーシモンは自慢げに大きな鼻をこすった。

「ピラミッド・パワーのことですか。なにかで読んだことがありますよ。ピラミッドの内部に不思議な力があるっていう説ですね。食べ物が腐らなかったり、生命力が強化されたりするというんでしょう。一時は日本でもブームになりました。アメリカではピラミッドの模型が通信販売されていて、そのなかで瞑想する人もいたんです」

「それもある。だが、そんな発見は幼稚なものだ。まだまだ秘密の糸口に過ぎないんだよ。わしにいわせれば、ピラミッドは宇宙的規模の知識を持った多目的建築物さ。いずれ、きみたちにもわかるときが来るだろう。ところでピラミッドの中に入ってみたいと思わないかい」

リュウがすかさず反応した。

「そりゃ、もちろん入りたいですよ。でも、今は遺跡保護のためにピラミッドに登ることさえ禁止されているんでしょ。無理ですよ」

「まあな。しかしきみたちが望めば手はあるんだ。なんとかしてやろう」

「本当ですか、中に入れる方法があるんだったら教えてください。警備員を買収するなんてのは駄目です。そんなにお金を持っていないから」

ケンは目を輝かせた。ピラミッド

■ピラミッド・パワー（Pyramids Power）

ピラミッドという四角錐の形状が何か特殊な霊力を持つとされる。最初にピラミッド・パワーの存在を発見したのは、ピラミッドの調査に従事した科学者だった。内部に置かれたごみ箱の中のものが腐らず、ミイラ化していたのだ。また、未知の重力に似た力がピラミッド内部に作用しているとする証言もあった。科学者であるエリック・マクルーハンはギザのピラミッドの正確な縮小模型を作り、さまざまな実験を試みた。内部に卵と肉を置き、数週間放置しても腐ることがなかったという。さらに、剃刀の刃を置いたところ、以前よりも切れ味が良くなっていたという。

こうしたことからピラミッド・パワーの存在が考えられた。今日ではギザのピラミッドの縮尺のままのテントのような模型が作られ、市販されている。人間はその中に入り、瞑想することで体内にピラミッド・パワーの影響を受けて、より深い瞑想が得られたり、超自然の力が得られるという。

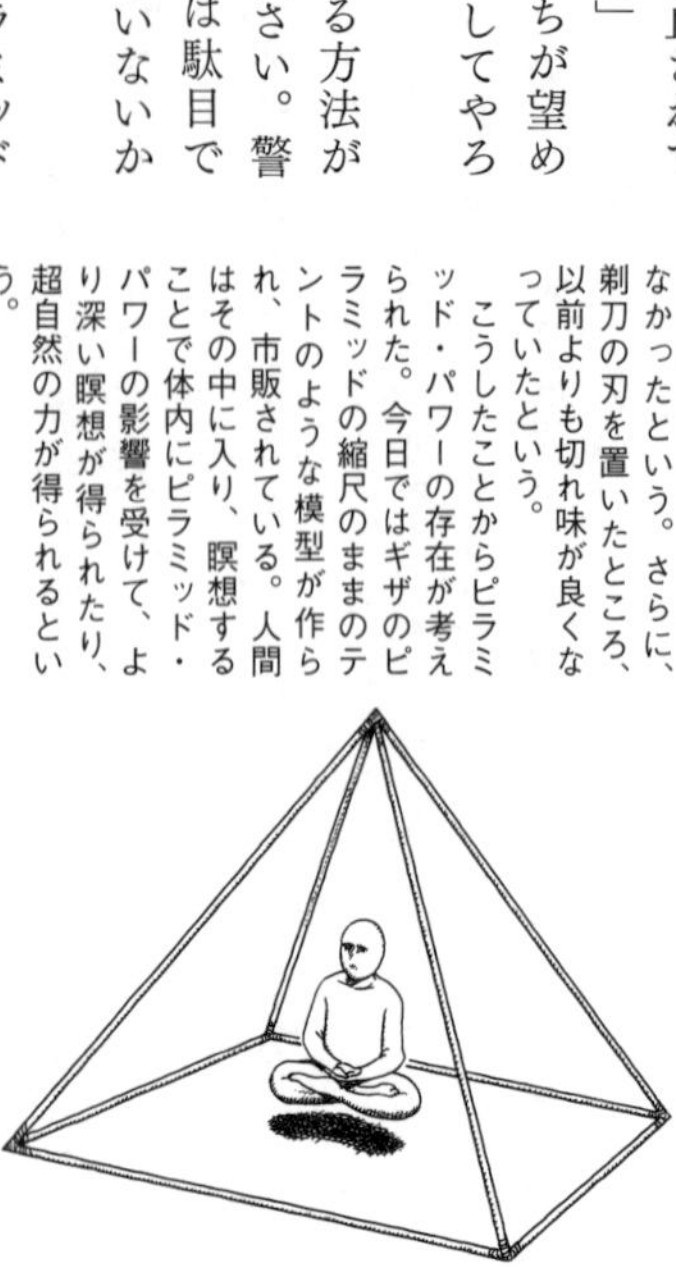

の中に入るなんて、よっぽど偉いさんか高名な学者でなければ不可能な話だ。その程度の常識はケンもリュウも持ち合わせていた。しかし、ダーシモンがこともなげにいった言葉は妙に説得力があった。ふたりが興奮するのも無理はない。

ダーシモンはふたりの様子に満足気のようだ。

「よろしい、連れていってやろう。わしはこれでもガイドとしては一流なんだから。まあ、大舟に乗ったつもりでな……」

＊一　ツタンカーメン（Tutankhamen）　古代エジプト第十八王朝末の少年王（紀元前一三七一～紀元前一三五二頃）。カイロのエジプト美術館には彼の顔をかたどった〝黄金のマスク〟をはじめ、護符や生活用品、ナイフなどさまざまな副葬品が展示されている。

シーン 3

ピラミッドにて

三人は夜が更けるのを待った。ダーシモンによれば、クフ王のピラミッドには隠された入口があり、それを知る限られた人々は自由に出入りしているのだという。ただし違法なので、夜にならなければ入口を利用することはできないという。

陽が落ち、月が昇ってきた。観光客が去り客引きの姿が消えると、死の世界を思わせる静寂が訪れた。満月だった。漆黒の天空に青白い月が輝いている。月光に照らされたピラミッドがひどくロマンチックに見えた。

「すごいな、まるでアラビアン・ナイトの世界だ」

感嘆したケンがつぶやいた。

「……満月の下ではすべてが真実の姿を見せるんだよ。さあ、いこうか」

ダーシモンがふたりに命令した。ケンとリュウ、それにダーシモンという奇妙な三人組は、砂漠の斜面を下りて進んだ。スフィンクスの前でダーシモンが立ち止まった。

「滑るから注意していこう。それから、わしが良いというまでは決して言葉をもらしてはいけない。わかったな」

ふたりはうなずいた。リュウが生唾を飲む音が聞こえた。ダーシモンが奇妙な行動をとった。スフィンクス像に向かって立ち、口に指を入れて鳴らしたのだ。鳥の鳴き声のような音が長く続いた。すると、スフィンクスの額の部分にぽっかりと穴が開いた。いや、よく見るとその部分の石が音もなく引っ込んだのだ。暗い内部にランプの明かりが見えた。ランプをぶら下げた小男がこちらに手招きをしている。すかさずダーシモンが穴にもぐり込んだ。ケンとリュウはあわててその後を追った。穴の中にはちょっとした踊り場があり、地下に向かって階段が伸びている。ケンは入口を開けてくれた小男の顔を見て息が止まった。ダーシモンにうりふたつなのだ。双子だってこうは似ていないだろう。顔かたちだけでなく、髪や髭の伸び具合、長衣の汚れ方までそっくりなのだ。リュウもポカンと口を開けて小男を見つめている。

〝こっちだ〟ダーシモンが手招きした。思いのほかに長い階段を下りると、次にゆるやかな昇り勾配のある回廊に出た。周囲の壁にはエジプトの象形文字がいくつも刻まれている。床には壊れた石像の破片が転がっている。〝この回廊も四千五百年前に作られたのだろうか〟歩きながらケンは考えた。十分も歩いただろうか。広い部屋に出た。

■スフィンクス (Sphinx)

人間の頭とライオンの胴体を持つ魔獣。古代エジプトで百獣の王ライオンとファラオ（王）の合体した生き物として王権の象徴となった。もっとも有名なものはギザのピラミッドと並ぶ巨大な像だが、小型のものはエジプト各地で見ることができる。スフィンクスはメソポタミアを経てギリシャに伝えられた。オイディプス伝説に登場するスフィンクスは旅人に謎を問い、答えられないと食い殺したという。「始めは四足、次に二足、そして三足になるものは何か？」正解は〝人間〟だ。つまり幼児期は四足、成人して直立し、老人は杖を使うという意味だ。魔術師はもうひとつの答を用意している。四は無知な人間を意味し、二は英知の人、三は霊知の人を意味するという。つまり、秘密の教理を得た博士はみずからの心に〝知恵の杖〟を付け足すというものだ。長いあいだ、スフィンクスはエジプト魔術の保護者として、位置づけられていた。アラブ人はスフィンクスを称して〝アブル・ハウル〟つまり〝恐怖の父〟と呼んでいた。

エジプトの神々

「さて、もう口を開いてもいいぞ」

部屋の壁に掛けられているランプに火をともしながら、ダーシモンがいった。明かりで部屋の全体が浮かび上がった。予想以上に広々とした部屋だ。周囲の壁には古代エジプトの神々のレリーフが刻まれている。さきほどエジプト博物館を見学したおかげで、ケンにはいくつかの神像の名前が理解できた。守護女神イシス、五穀豊穣の神オシリス、学問神トート、墓地守護神アヌビス……。それらのレリーフは刻まれた直後のように美しく彩色され、傷や剥がれなどはまったく見当たらない。

リュウがため息をもらした。

「すごい。でも、本当にここはピラミッドの内部なんですか。とても四千五百年前に作られたとは思えない」

「正確な場所はクフ王の玄室の真下、およそ十メートルの位置にある。数世紀にわたって何人もの学者や墓盗人があちこち掘り返したけれど、ここだけは発見できなかったのだよ」

ダーシモンにうりふたつの小男が答えた。声までがダーシモンそっくりである。広間に圧倒されたケンとリュウは、この小男の存在を忘れていた。ダーシモンがただのガイドではないことは気がついていた。しかし、この、ダーシモンそっくりの男はいったい何なのだ。相似形の男たちを見比べながら、ふたりは考えた。

「そうだった。きみたちにはまだ紹介していなかったな。この男はわしの従兄弟でな、ナッキンというんだ」

ダーシモンが紹介すると、ナッキンと呼ばれる男がふたりに微笑みかけた。

「わしらが似ているんで驚いているんだな。実はな、ここから千キロほど南にわしらの村がある。そこでは外部の人間を決して近づけないんだ。つまり、遠いご先祖さまの代からずっと血統を守ってきたというわけだ。だから村の連中は皆、わしらと同じ顔をしている。爺さんも親父も、わしの息子も、それからご覧のように従兄弟までが同じ顔なんだ」

「なぜ、外部の人を入れなかったんですか。なにか一族の秘密があったんですか？」

すかさずリュウが質問した。

「そのとおり。わしら一族だけの秘密があった。この部屋をよく見てごらん。これが秘密の一部なんだ」

「そうか、わかりました。あなたたちのご先祖は、この部屋を墓盗人に荒らされないように命じられたんだ。命令したのは、ひょっとしたらこのピラミッドを作ったクフ王自身……」

リュウが興奮気味に話した。ナッキンがうなずいて、言葉を続けた。

「正解だ。もっとも半分だけだが。わしら一族が受けた命令は古代エジプトの秘術を伝承することなんだ。現代の言葉では魔術というがな」

ふたりはあっけにとられてしまった。四千五百年前に命令を受け、それを現代まで守り続けている一族がいるなんて奇跡である。しかも、その命令が古代エジプトの魔術を伝承するというのだから驚きだ。

「まさか。あなたたちはからかっているんでしょ。ぼくにはとっても信じられません」

リュウはいらだっていた。ケンはこのふたりが狂人ではないかと思った。

「そうだろうな。疑うのも無理はない。しかし、事実なんだから仕方がない。しかし、あの神像を見てごらん」

ダーシモンは部屋の壁に刻まれた神像に近寄って説明をはじめた。

「この女神はイシスといって、万物の母として崇められている。しかし、実は魔術の守護神なんだ。古代エジプトの人々はこういって崇拝した。『神々の女王よ、御身は翼を持つ者であり、赤い衣装をまとった女主人であり、魔法を司る力強き者である』とな。ギリシャ人がこの秘密を知り、ローマ時代にはイシス女神はローマ帝国全域で信仰されていた。きみたちへ送った招待状に風変わりな図柄が印刷されていただろう。あれはシストラムといってイシス神のシンボルなんだ。

しかし、キリスト教徒はこの女神を徹底的に嫌った。イシス像を見つけると〝魔女〟とか〝女デーモン〟とののしって破壊したのだ。それだけ彼女の力を恐れたともいえる。彼女は星の運行を止めたり、太陽を自在に動かしたり、ナイルの流れをコントロールできたんだ。やがてキリスト教徒が勢力を得ると、イシス信仰の徒を抹殺しはじめた。その結果、わしらだけが残ったというわけなんだ。クフ王はそういう時代がくることを予言によって知っていた。だからわしら一族に、あらかじめ秘術の守護を命じたというわけさ。納得したかね」

「むずかしいけど、話としては理解できます。でも、なぜ一介の旅行者であるぼくたちに秘密を打ち明けるんですか？　ぼくたちは魔術なんか見たこともない、ただの高校生ですよ」

リュウの気持ちはもっともだった。ケン自身もエジプトでこんな秘密を聞かされるとは思いもよらなかった。

「なまじ先入観がないほうがいいのさ。それだけじゃない。わしがきみたちを選んだのは、それなりの理由があってのことだ」

「ちょっと待ってください。いま『選んだ』といいましたね。ということは、ぼくらがエジプト旅行に当選したのは、最初から仕組まれていたんですか」

「その通りだ。わしらには世界の各地に仲間がいる。だから日本の若者をふたり選んで、ここに招待することなど、わけもないんだよ」

「しかし、そんな夢みたいな話は信じられない。だいたい魔術なんて本当にできるんですか」

ケンは思わず興奮してしまった。ホラ話を聞かされていると思ったのだ。

「よろしい。じゃあ、わしらの魔術を見せてやろうか。まあ、イシス女神みたいなでっかいことはできんが、それなりの術は心得ている」

エジプトの神々と魔術

古代エジプトにおいては自然、動物、抽象的人格など多くのものが神として考えられていた。紀元前十四世紀の一時期にアトン（Aton）という一神教が支配した時期を除けば、実に多様な神々が信仰された。ナイル神ハビ、ワニ神セベク、ネコ神バステトなどはユニークな神々だ。

エジプト人にとっての最大の関心事は死後の世界にあった。太陽神が消えていく方向、つまり西は死者の世界と考えられ、死者のことを〝西方人〟と呼んだ。そして、人間が死ぬと死者の世界におもむく。そして、魔物や神々からさまざまな質問が用意され、死者はそれに上手に答えることによって〝永遠の生命〟を得るのである。そのための指南書が、あの有名な『死者の書』である。そして、死に関連する神々が強い信仰対象となったのである。

イシス（Isis）

あらゆる生命の母であるイシスは古代エジプトのみならず広くギリシャ、ローマ世界で信仰の対象となった。エジプト王ファラオの玉座はイシス自身と考えられた。代々のファラオたちは彼女の膝に乗り、彼女の翼と腕によって守護されているとされた。ユダヤ教の秘密の教えであるカバラ（Kabbala）にもイシス信仰の影響が強く、カバリストといわれる中世の魔術師たちがもっとも注目した神のひとり。

■トート（Thoth）

朱鷺の頭部を持ったこの神は学問の創始者、言葉の発明者である。古代エジプトの魔術は言葉を非常に重要に扱うことから、呪文と書記を専業とするトート神は魔術の守護者として君臨したのである。のちにギリシャ世界のヘルメス（魔術・文学・医学・オカルトを司る神）と同一視された。

■オシリス（Osiris）

死者に永遠の生命をもたらす神オシリスはエジプト人にとって救世主的な存在である。イシス女神の夫であるオシリスは他の多くの神をみずからに吸収し、二百以上の名前を持つほど人々の強い信仰を受けていた。

■アヌビス（Anubis）

ジャッカルの頭部を持つこの神は冥界の神であり、ミイラ作りの神として死後世界の幸福を約束した。彼はときに〝大いなる犬〟と呼ばれた。古代エジプトにおいて犬は崇拝の対象であり、犬の崇拝者たちは独自の秘儀を持っていると考えられた。

シーン 4

エジプト魔術

古代召喚魔術

ダーシモンはナッキンに目配せして、準備にとりかかった。まず部屋の四隅で香を焚き、中央に直径二メートルほどの円を描いた。それからダーシモンとナッキンは床にあぐらをかき、呪文を唱えはじめた。ケンとリュウにはまったく聞いたことがない言葉だった。呪文を唱える声が次第に熱を帯びてくると、香から出る煙のすじはまるで白い蛇のように空中をのたうちはじめ、円の中央に集まってくる。やがて、円の中央に煙の柱のようなものができあがった。呪文はさらに力強くなっていく。

突然、煙の柱になにかの形が浮かび上がった。それは次第に形を整えていき、やがては古代の衣装を身につけた女性の姿となった。オリエント風の美貌の女性はケンとリュウをみとめるとゆっくり口を開いた。

「……わたしは自然であり、万物の母であり、四大の支配者、時の初子、最も高貴な神である。大空の惑星を支配し、健康な海風、冥界の陰気な静けさもわたしの意に従う。さらにわたしは魔術の守護者として、地上の秘術を司る者たちの庇護を約束する。アテネ人はわたしをミネルヴァと呼び、キプロス人はヴィーナス、クレタ人はディアナと呼ぶ。そしてエジプト人はわたしの本名であるイシスと呼称する……」

彼女の言葉は直接に脳髄に響いてくるようだった。こころよい、柔らかな話し方がふたりを魅了した。しかし、リュウは頭を激しく振りながら叫んだ。

「違う、違うよ。これはただのまぼろしだ。香に麻薬が入っていたんだ。だからぼくらは幻影を見ているんだ。さもなければ手品だ。レーザー光線を使ったホログラムか映写機が隠されているんだ。だまされないぞ、ぼくは…」

ダーシモンが落ちついた口調で答えた。

「まぼろしだと思うんなら、イシスさまのお手にキスしてごらん。さあ、失礼のないようにな」

そういわれてリュウは尻込みした。しかし、ケンはつかつかと進み出て、手を伸べた。イシスはケンに手を差し出してキスをゆるした。ケンの唇はひんやりとしたイシスの体温を感じた。ケンははっきり認識した。空中に浮かぶこの女性が、間違いなく生きた肉体の持ち主であることを。決してまぼろしなんかではなかった。イシスは穏やかな表情で語った。

「……あなたはケンね、勇気のある若者ですね。それからリュウ、わたしを怖がることはありません。ふたりに願いがあります。わたしの伝える魔術を会得しなさい。そして、それをあなた自身の武器となるよう磨きなさい。頼みましたよ……」

しばらくの間、ケンは呆然として突っ立ったままイシスを見つめていた。リュウにしても同じだ。こんな不思議な出来事に遭遇したら誰だって混乱してしまうだろう。しばらく経つと、イシスの表情に微妙な変化が起きた。顔をやや後ろに向けて、不安そうな表情を見せる。視線の方向に黒い染みのようなものが見えて、急速に大きくなった。ケンはぎょっとした。昼間の夢のなかで現れた怪鳥、バスで見た男の腕に彫られた悪魔鳥だ。悪魔鳥は不気味な羽音をたてて部屋の上空を旋回している。隙あらば攻撃しようとする態勢だ。するとイシスが口を小さく開き、甲高い声を長く伸ばした。声の届いたあたりの床に、黄色い固まりが作られていく。固まりは次第に動物の形となっていった。スフィンクスだ。翼のある獅子、神々の守護動物とされるスフィンクスは空中を飛び回る悪魔鳥に咆哮をあびせて、攻撃の牙を剥いた。悪魔鳥はしきりにスフィンクスを威嚇するが、攻撃する気配はない。やがて悪魔鳥は旋回しながら小さくなり、もとのような黒い染みに戻り、消えていった。緊張がほぐれた。イシス神は足元に横たわるスフィンクスを優しくなでている。そして、煙の柱が薄くなるとイシス神の姿も、スフィンクスもまた姿を消していった。

古代エジプトの召喚魔術

ピラミッドの内部でおこなわれたダーシモンの召喚魔術は略式なものと考えられるが、香を使う点など現代的な魔術の要素も見られる。

古代エジプトにおける魔術の執行について紹介しよう。これはおもに神官によって執り行われた。神に仕える神官は魔術師としても有能であることを求められた。ときとして神々をなだめたり、おどかしたりすることが生者のために必要だったからである。エジプトの魔術師の最大の武器は言葉（呪文）だった。彼らは魔術学院（生命の家）で魔術的効果をもたらすために言葉の正確な発声、つまりは抑揚、リズムなどを徹底的に研究した。魔術の実行にあたって、彼らは九日間清めの儀式をする。それから身体に油を塗り、清潔な衣服に着替え、口を炭酸ソーダですすぎ、舌に緑色のインクで〝真実の記号〟である

羽毛を記し、さらに地上に円を描いた。そうした複雑な儀式を済ませてのち、ようやく呪文を口にすることができたのだ。その呪文は奇妙な発声で、言葉の意味もエジプト人には理解できなかったという。数世紀を経て、このエジプト魔術は伝承されたという。

分身術／空中飛行術

ダーシモンが額の汗を拭いながら話しかけてきた。

「わかったかね。いま、この場所できみたちが見たことは真実だ。どこかに疑わしいところがあるかね。どんなに不思議でも、不合理に思えようとも魔術の世界は存在するんだ。この地球が疑うことなく存在するように。もっとも、わしらがこんな魔術を披露できるのも、ここがピラミッドの中心だからだ。特殊な磁場というのだろうか、ここにはわしらの力を数倍に拡大するエネルギーがあるんだよ。例えばこんなことも……」

そういい終わらないうちにダーシモンの身体が微妙に振動しはじめた。ナッキンも同じ状態になっている。映りの悪いテレビを見ているようだった。ダーシモンの輪郭がぼやけはじめ、そのうちに後ろの壁が彼の肉体を通して透けて見えてくる。輪郭のずれはさらに激しくなり、ちょうどダーシモンのとなりに影のような彼の形を作った。輪郭だけの影に色がつきはじめ、みるみるうちにダーシモンそっくりの姿となっていくのだ。つまり、ダーシモンの隣にもうひとりのダーシモンが出来上がった。ナッキンも同じ魔術をしているのだから、ダーシモンに似た男が四人も立ち並んだことになる。

「これが分身術というんだ。よく見ておきなさい」

ふたりのダーシモンが同時にステレオのように口を開いた。別のふたりが言葉を続ける。

「なんなら、もっと分身して見せようか？」

あわててケンが返事をした。

「いやいや、わかりましたよ。もうけっこうです。ダーシモンとナッキンがいるだけで混乱してしまうのに、四人になってしまったらこっちの頭が分裂しちゃう。お願いだから元に戻ってください」

分身の術

日本では忍者小説などでおなじみの分身の術であるが、西洋ではこの魔術に関する記述は意外に少ない。十八世紀にフランスの社交界を賑わしたサンジェルマン伯（Comte de Saint-germain 一七〇七頃～一七八四）という魔術師は、この分身術を巧みにあつかい、同じ時間に宮廷や社交場など数カ所に出現したという。

　この分身術の面白いところは、本人の意思とは関係なしに起こってしまうことがあることだ。中国の不思議な話ばかりを集めた『捜神記』（干宝著）には次のような話が記されている。相思相愛の男女がいたが、女の両親は結婚を認めようとはしなかった。遠隔地へ赴任する男は女を家から連れだして出かける。数年後、

帰郷したふたりは妻の実家をたずねる。念のために男は妻を旅館に残して、ひとりで訪れた。しかし、両親は不審げに答えた。
「わたしたちの娘はずっとこの家にいて、長いこと病の床に臥せっております」
首をひねって男は旅館に帰るが妻はもちろん旅館で待っている。そこで、ふたりで実家をたずねると、家のなかからやつれた様子の女がとびだしてきて、男の妻とぶつかった。すると、ふたりはひとりに戻ったのである。
　両親の孝行のために家に残ろうとする気持ちと、愛する夫とともにいたいとする気持ちが、こうした分身を誘発したのだろう。

ダーシモンとナッキン、それぞれの隣の分身が本人の身体に戻っていった。ふたりともこちらに向かって微笑んでいる。まるで悪戯好きの子供のような表情をしている。ふと、彼らの足元を見ると、床から浮かんでいるではないか。彼らは身長百八十センチメートルというリュウと向かいあった。リュウと彼らの目の高さが水平だ。驚いているリュウを尻目に彼らは空中を漂いはじめた。まるでピアノ線でつり上げられているように、ふわふわと漂う。

ようやくリュウが口を開いた。

「これは空中飛行という魔術ですか」

天井ちかくの高さにいるダーシモンが答えた。

「そうとも。この魔術は人気があってな。世界中の魔術師がわしらに教わりに来たよ。イギリス、アメリカ、インド、中国、それにきみたちの日本からもやってきた」

「頼めば教えてくれるんですか?」

ケンが思わず尋ねた。

「もちろんだよ。ただし誰でもというわけじゃない。それなりの才能があって、悪用しないと誓える人間にだけ教えることにしているが」

「だったら、ぼくがお願いしたら教えてくれますか?」

「いいとも、教えよう。……でも、この程度の魔術に驚いてはいかん。こんなのは素人の度肝を冷しはするけれど、ごく初歩的なものなんだ。それに教わらなくてもできる人間もいる。しかし、知識のない連中が偶然に魔術を行使してしまうとうろたえ、恐怖心が爆発して死んでしまうこともある。人間ってやつは自分の能力を過小評価するくせがあるんだな」

気持ち良さそうに浮かんだダーシモンの言葉は妙に説得力があった。

「だったら、人間は皆、魔術能力を持っているということですか?」

「そうとも。人間の脳は、その十分の一しか使われていないという話を聞いたことがないかい。わかりやすくいえば、きみたちは百の部屋を持っている。しかし、実際に使うのはせいぜい十部屋程度で、のこりの九十室はまったく利用されていないということなんだ」

そうか、本当にそれだけのことなのかとケンは思った。

「しかしな、実際は結構たいへんなんだ。なにしろ使っていない部屋の扉を開けるんだから、鍵が見つからなかったり、錆びついていたりする。だからこそ準備体操、つまりは魔術修行の必要があるってことなんだ。どうだね、きみたちもやってみるかな」

ふたりの目が輝いた。ケンとリュウはすっかり魅了されている。この地でダーシモンの教えを受けよう。ふたりとも強くそう願った。

そう考えたとき、部屋の壁に亀裂が入った。ミシッという音とともに壁の一部が剥がれ落ち、ケンの足元にころがった。遠くから地響きのような音が聞こえてくる。音が大きくなるにつれ、床が振動をはじめた。

「また、なにか魔術をはじめたんですか?」

リュウの質問にダーシモンが厳しく答えた。

「違う。誰かがここを襲ってきたんだ」

振動は激しくなり、まるで地震のようになった。ケンもリュウも立ってはいられない。空中にいたナッキンがふたりに声をかけた。

「さあ、きみたちもここに来なさい」

「ここに来いっていったって、どうしたら浮かべるかわからないですよ」

ケンは半分泣き声になっている。ダーシモンがふたりを叱咤する。

「いいかい、もう時間がない。ピラミッドに閉じ込められたくなかったら、わしらのいう通りにするんだ。けっして疑ってはいけない」

「わかりました。どうすればいいんですか?」

「まず目をつぶりなさい。足の裏に自分の体重を感じるだろう。その感覚をすこしずつ、身体の上部に持ち上げていくんだ。そら、だんだん膝に重力を感じてきただろう。そしたらもっと上だ。腹に上がったら、次は胸まで持ち上げろ。そして首を通って頭に持っていくんだ。よし、できたな。こんどは大変だぞ、頭のてっぺんに頭蓋骨の合わせ目がある。

そこを通って重力を身体の外に出してしまうんだ。うまくいかなかったらスカラベを握りしめろ。ここはピラミッドの中心だ。つまりは人間の能力を最大限まで引き出せる磁場がある。だから失敗するはずがないんだ。きっとうまくいく。信じろ、自分はぜったいにできるんだと……。よし、すこし浮かんできたぞ、その調子だ。……よし、できた。ゆっくり目を開けなさい」

半信半疑な気持ちだった。ケンは目を開けて足元を見た。床から五十センチも浮かんでいるだろうか。リュウもまた同じくらい浮かんでいる。しかし、その間にも壁は崩れ、床

空中飛行

鳥のように空を自由に飛び回りたいという思いは世界中の人々の夢である。果たせぬ夢の実現を志す魔術にとって〝空中飛行〟はその力を試すかっこうの術といえるだろう。しかも、古代社会では天と地の中間である空中は天の神々と交信する神聖な場所と考えられ、鳥は神の使者と崇められたのである。

東洋、西洋を問わず空中飛行を実現した魔術師たちの例は多い。ケルトの魔術師マーリンは自由に空中を行き来したというし、インドの英雄神ハヌマーンにとっては得意の技だった。中国の仙人は空中を散歩し、もちろんわが国でも修験道の達人たちによってその術は伝えら

れた。

近代以降の信頼できる情報によっても空中飛行の例は見られる。もっとも有名な例はイギリスの魔術師D・D・ホーム（Daniel Dunglas Home 一八三三～一八八六）に見られる。彼は多くの立会人の前で空中飛行をやってみせたのである。空中に浮かび上がり、窓から出たり入ったりする様子を目撃した科学者W・クルックスはこの出来事を友人に書き送ったものの、口外を禁じた。学会からの追放を恐れたのである。

東洋では、あるイギリス婦人がチベットにおいて、ラマ僧の空中飛行を目撃している。その様子はホームとは異なり、ラマ僧は〝まるでゴムマリのように大地をバウンドしながら進んできた〟というものだった。

実際のところ、空中飛行といっても各種のバリエーションがあるようだ。それはまず、実際に肉体が空中を飛行する例と、肉体はそのままで魂だけが移動する、つまりは幽体離脱という二通りに大別できる。（正確には幽体とは魂と肉体の中間に位置するもので〝星気体＝アストラル・ボディ〟ともいわれる。通常は肉体から離れることはない。しかし、睡眠時や催眠状態時に肉体から離れ、自由に外界を動き回ることがあるという）

実際に肉体による空中飛行でも、道具を使用する例もある。古くはペルシャ世界の〝空飛ぶ絨毯〟や孫悟空の〝きん斗雲〟、魔女の〝箒《ほうき》〟などがもっとも知られている。魔術師の世界では、道具に頼らない空中飛行を上級と見なしている。ダーシモンの空中飛行は道具は一切使用せず、肉体が実際に浮遊するもので、ホームの魔術との類似性が見られる。

に亀裂が入っていく。突然、床の中央が轟音とともに陥没した。もし、空中に浮かぶことができなかったら、あの陥没に落っこちていただろうと思うと冷や汗がでる。

「さあ、ピラミッドを脱出するぞ。ついておいで！」

ダーシモンを先頭に回廊を進んだ。ここの状態も惨たんたるものだった。床を歩いていたらとても帰り着けなかっただろう。ともあれ、四人は元の場所、つまりスフィンクス像の前にたどり着くことができた。

四人はそのまま空中飛行を続け、ピラミッドがはるか遠くに見えるところに降り立った。満月はまだ頭上で輝いている。昼間とはうってかわり、寒気が肌を刺す。しかし、砂漠の砂にはまだ昼間の温もりが残っていた。

ケンははじめて体験した空中飛行に興奮していた。生まれて以来ずっと縛りつけられていた身体が突如として自由になった。そんな解放感が指先から爪先まで充満しているのだ。誰だってこんな体験をしたら有頂天になるにきまっていると、ケンは思った。ふかふかの絨毯に乗って、思い通りの方向へ音もなく移動する——、そんな夢みたいなことをたった今、実際に経験したのである。

リュウがダーシモンに質問した。

「ところで、さっきぼくたちを襲ってきたのはいったいどういう相手なんですか」

「〝闇の軍隊〟といってな、悪賢い連中なんだ。ひとりひとりはたいした魔力を持たないんだが、よく組織されていて侮れない力を発揮するのさ」

リュウの疑問はこれくらいでは晴れない。

「でも、なんでぼくたちを襲うんですか。どうしてあなたたちと敵対しているんですか?」

「いいか、よく聞きなさい。魔術というのは、地球を引っくり返してしまうほど強力なものなんだ。人の気持ちを変えることも、川の流れをせき止めてしまうことも、農作物の収穫を左右することも可能なのだ。国家を没落させたことなど珍しくないほどだ。魔術そのものは善でも悪でもない。いわば両刃の剣さ。しかしどんな時代にも、どんな世界にも、この地上最強の武器を手に入れたいと思う連中はいるものだ。闇の軍隊は魔術を独占しようとしているんだ。成功すればこの地球は彼らの思いのままになる。そして、われわれは阻止しようとしている。魔術は特定の権力と結びつくべきではないと、われわれは考えているんだよ。残念ながらわれわれの側が不利だ。だからきみたちの力を借りたいのさ。わかったかね」

「われわれというのは、あなたたち一族のことですか」

「まさか、わしら一族の力などたかが知れたもの。これでも世界中にわれわれと考えを同じくする者がいるんだ」

そう話している間に、頭上に青々と輝く満月に、雲がかかってきた。胸騒ぎを感じさせるような、不気味な雲だ。ダーシモンは空を見上げてから、ケンとリュウに向かって命令口調でいった。

「さあ、きみたちはすぐロンドンに行きなさい。ここも危なくなってきたようだ。こんど襲われたら、さっきのようなわけにはいかんからな」

ケンとリュウは、ことの成り行きが理解できないまま、ロンドン行きの準備をさせられた。もちろん旅行カバンを用意するとか、飛行機の予約をするとかということではない。ただ、満月を背中にして立ち、両手を胸に組み、目を閉じることを命ぜられただけだ。ダーシモンの声が聞こえた。

「いいかな、けっして恐れてはならない。ロンドンの同志にはもう連絡してある。向こうでは同志の指示に従うこと、わかったね」

返事をする間もなく、妙な感覚が襲ってきた。ジェットコースターに乗っているような、エレベーターで果てしなく落下しているような、背中がむずむずする感覚だった。[*一]テレポーテーションというのだろうか。もし、エジプトの砂漠に傍観者がいたら、なんとも奇妙な光景を目撃したことだろう。突っ立ったふたりの青年の両側に長衣の小男ふたりがひざまづき、アッラーの神に祈るような姿勢をとっている。そして、見る間に青年たちの姿が霞みはじめ、ふたつの光の束になったかと思うと、西の空に向かって異常なスピードで消え去っていったのだから……。

＊一　テレポーテーション（Tele-Portation）　瞬間的に物または人が長距離を移動すること。密室にある品物が突然消えたり、あるいは突然出現する現象もこのテレポーテーションによるものとされる。念力（ＰＫ）による作用と考えられている。

第二章

イギリスはケルト魔術の伝統を受け継ぎ、ヨーロッパ魔術の流れを接ぎ木して近代の魔術結社が生まれ育っていった。有能な魔術師たちの活躍に加えて、南部にはストーンヘンジという謎に満ちた遺跡がファンタジーの心を誘う。

降霊術、ポルターガイスト、錬金術、スクライイング、オブジェクト・リーディング、魔術武器……。

シーン
5
導師の館

数分後か数時間後か、ケンたちは時間の感覚を失ったまま意識を取り戻した。ふたりは座り心地のよいソファの上にいた。部屋はマホガニー製のクラシックな家具の置かれた西洋風の、それも上流階級らしい雰囲気に包まれていた。

「大丈夫かね。頭痛がするようだったらブランデーをあげよう」

穏やかな口調で語りかけてきた相手は、見るからに英国紳士然とした風貌の持ち主だった。長身に仕立てのよい背広を着込み、やや長めの髪はていねいに櫛目が入っている。身体からはオーデコロンとパイプ煙草の香りの入り交じった匂いがしている。

「どこですか、ここは?」

リュウが紳士に尋ねた。

「イギリスはロンドン。正確にはベーカー街二百二十一番地だ」

「すると、あなたがダーシモンの同志なんですか」

「さよう、わたしはワトスンと申す。ここでは導師《グル》と呼ばれているが……」

ていねいな挨拶にドギマギしながらリュウが自己紹介し、ケンを紹介してくれた。導師はにこやかにうなずいた。

「ところで、これから降霊会を始めるところだが、立ち会ってみませんか」

「降霊会ですって?」

ケンとリュウは思わず顔を見合わせた。

幾つかの部屋を横切り、両開きのドアを開けると、いかにも紳士淑女然とした男女が十人ほど丸テーブルを囲んで座っていた。禿頭の紳士がワトスン導師に声をかけた。

召霊術

「導師、そろそろ始めていただけませんか。全員お待ち申しておりました」

「承知した。皆さん、今日は珍しいゲストが参加します。東洋の神秘の国、日本から来られたリュウ君とケン君だ。よろしくお願いする」

挨拶もそこそこに降霊会の準備が進められた。カーテンが閉められ、豪華なシャンデリアの灯が消され、小さなランプがひとつだけテーブルの中央に灯された。全員が着席し、テーブルの上で両隣の人と手を重ね合う。導師が荘厳な声で語る。

「今回は[*1]コナン・ドイル卿を召霊しましょう。では、精神を集中させて卿のことを心に念じてください」

全員が目を閉じた。ケンとリュウも素直に従った。咳払いひとつ聞こえず、部屋の空気は張りつめた。やがて、風もないのにテーブルのランプの炎がゆらめいた。と、ワトスン導師の身体が前後に大きく揺れ、いままでとはまったく違う声で語りはじめた。その声はかすれ、あえいでいる。

「誰だ、わたしを呼ぶのは……、そうか、いつもの諸君だな。けっこう、なかなか研究熱心じゃないか」

ケンは背筋が寒くなった。導師は声どころか表情まで違う人間になったようだった。コナン・ドイルといえば、シャーロック・ホームズ物で知られた探偵小説家で、一九三〇年に亡くなっている。

「諸君、生前はさんざん誹謗されたが、わたしの説がこうして立証されることはうれしい限りだ。死後の世界は間違いなく存在する。わたしの研究を諸君が継承してくれている。この、わたしの館を十分に利用してくれたまえ……この……わた……し……」

ラジオのチューニングが狂ったようにコナン・ドイル卿の霊が立ち去った。参加者たちは満足気な様子で導師に賛辞を述べ、席を立っていった。穏やかな表情に戻ったワトスン導師がふたりに話しかけてきた。

召霊術

降霊（交霊）とも呼ばれるが、大きな違いはない。ただし、霊を召喚する方法としては初歩的で、いくぶん娯楽的な要素のあるものを降霊と称することが多い。召霊の場合、呼び出す霊が強力な力を持っている場合が多く、参加者を危険に陥れることが少なくない。

さて、イギリスでは十九世紀後半のヴィクトリア時代、盛んに降霊会（Seance）がおこなわれた。たいていは上流階級が頻繁に催すパーティの座興であったが、なかには本格的な召霊術を実施したものもあった。降霊会は五人～十人という小規模でおこなわれ、会席者はテーブルを囲んで座り、互いの手を握りあう。照明を暗くして、会の主催者である霊媒が特定の霊の言葉を聴き取るというものだった。霊媒がいない場合、つまり霊のメッセージを受け取る能力を持つ者がいないときには、ウィジャ盤と呼ばれる道具が使用された。これはＹＥＳ、ＮＯといった簡単な文字が記された盤で、会席者一同はコップの上に指を置き、そのコップの移動によって霊の言葉を受け取るのである。いわば日本のコックリさんと同様の仕掛けである。これは自動書記ともいわれる。

本文中の降霊会は、霊媒的存在であるワトスン導師の能力が高く、単なる降霊の域を越えて本格的に霊を召喚させるものであるから、召霊術ともいえるレベルの高いものになっている。

香炉

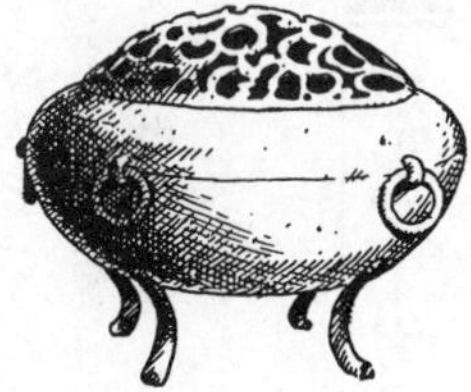

精神を鎮め、瞑想の効果を高めるためによく使用される。宗教儀式において香炉を使用したり、香を焚く習慣はほとんどの宗教団体が採用している。香炉から立ちのぼる一条の煙も召霊の効果がある。そこに精神を集中できるからである。

テーブル

一般には丸テーブルが望ましい。テーブル上で参加者が手を握りあうことで霊を召喚するエネルギーが増幅されると考えられている。また、丸テーブルが魔法陣としての役割を果していることも見逃せない。

ランプ

照明を暗くしてランプや蝋燭を使用するのは、霊の出現するための環境づくりに効果がある。インドやチベットで特殊な儀式をする際、ランプの燃料として死者の身体から採った脂を使用する場合がある。

「どうだね、降霊会を初体験した感想は。今日の参加者は皆、上流社会の連中でな、いわばパーティの余興といったところだ。だからあまり感心せんでほしい。それから今、呼び出したコナン・ドイル卿について説明しておこう。卿が心霊学にのめり込んだのは、ご子息を第一次大戦で亡くしてからのことでな。世界中で出版された探偵小説の印税をすべてつぎ込んだ。イギリスが近代魔術のメッカとなったのも、卿の影響があるんじゃよ。じつを申せば、わたしがこの館で思う存分に魔術の研究を続けているのも、卿の遺産から研究費が出されるおかげだ。さあ、君たちにはいそいで勉強してもらわんといけない。ダーシモンからそうことずかっているからね」

ポルターガイスト

ケンが質問しようと口を開きかけたとき、テーブルがきしんだような音をたてた。きしむ音はだんだん大きくなり、まるで誰かがテーブルを揺さぶっているようだ。シャンデリアが音をたてて揺れた。壁の絵がガタリと傾き、無人の椅子が倒れた。誰かが床を叩いている。混乱はさらに激しくなった。窓ガラスに亀裂が入り、突風が吹き込んだ。飾り棚の陶皿がフリスビーのように空中を飛び、ふたりを襲撃する。

「地震ですか?」

ケンの質問に導師が首を振った。

「じゃあ、闇の軍隊の仕業なんですか？」

「それもちがうな。ポルターガイストのようだ」

「なんですか、それは？」

「〝騒霊〟という現象だ。誰かの霊力が作用しているようだね。さっきの降霊会とも無関係だ。本人の意志とはまったく無関係に霊エネルギーが暴れている現象だよ。すると……」

導師はケンとリュウの顔をのぞきこんだ。ふたりとも緊張を隠せない。

「そうかリュウ、きみは緊張しすぎたようだな」

リュウはあわてて答えた。

「ぼ、ぼくが原因なんですか。でも、いったいどうしたらいいか……」

「だいじょうぶ、心配しないでいい。わたしの手を握ってごらん」

いわれるままにリュウは導師の手を握った。大きく分厚い手のぬくもりを感じると気持ちが落ちついてきた。すると、いままで生き物のように暴れていたテーブルがおとなしくなった。シャンデリアも騒ぐのをやめ、床のラップ音もやんだ。

「そらね、もうおさまった。リュウ、君が気にする必要はない。こういう現象は霊力の強い青年には起こりがちなんだから」

リュウは額に大粒の汗をかいていた。ケンは不思議な生き物を見るような目つきで彼を見た。人間の潜在能力というものの恐ろしさを知ったのである。

■ポルターガイスト (Poltergeists)

ドイツ語の Poltern＝騒々しい、Geis＝幽霊が語源となっており、日本語では「騒霊」と訳されている。物理的エネルギーの関与なしに突然、部屋のなかのものが転げ落ちたり、宙に浮かんだりする現象。また、ドアや壁を叩くような音（ラップ音）がする場合もある。たいていは子供か思春期の青年が見舞われることが多い。昔は幽霊が引き起こしたとされたが、現在では子供や青年が原因と考えられている。つまり、彼らの不安感や心の緊張が無意識のうちに霊的エネルギーを放出させ、ものに作用するのではないかと推測されている。実際、ポルターガイスト現象は特定の家で続けざまに起こるが、たいていの場合、子供や青年が成長するにしたがって消滅するのである。

三　錬金術

導師の案内で地下室に入った。理科の実験室を思わせる道具の背後から青年が顔を出した。

「これは導師さま、久しぶりです。ちょうど良いところへお越しになりました。どうかごらんください」

青年は奥まった机に三人を案内した。机の上に大きなガラスのフラスコが置かれ、その中に真紅のバラが一輪あった。青年がフラスコのゴム栓を抜くと、バラの色が急速になくなり、ぼんやりと消えていく。また栓をしてガスバーナーで少しあぶった。すると、消えたはずのバラが姿を現し、またも真紅に色づいていく。導師はにこやかに青年に語った。

「アンディ、ようやく成功したようだね。ところできみの仕事をこのふたりの若者に説明してやってくれんだろうか」

そういって導師は青年にふたりを紹介した。

「新人ですね、よろしく」

気さくな態度の好青年だ。彼は早口で説明をはじめた。

「ぼくはもっぱら十六世紀頃の魔術を研究しています。おもにパラケルスス博士の文献の実証だけど。きみたちが今、見たのは〝バラの幽霊〟という魔術さ。特殊な方法でバラの霊をフラスコに封じ込めてある。あたためればバラの霊が姿を見せ、冷やせば消えるというわけさ。面白いだろう」

「人間の霊だったらわかるような気がするけど、植物にも霊があるなんて知らなかった」

リュウが感心したように口をだした。

「よし、それではパラケルスス博士の最高傑作を紹介しよう。こちらへいらっしゃい」

アンディに案内されて、黒カーテンに覆われている部屋の隅に向かった。アンディが声をひそめていった。

「いいかい、大きな声を出しては駄目だよ。彼らを驚かせてしまうから」

そっとカーテンの端がめくられた。熱帯魚の水槽のようなガラスケースがあり、なかにはミニチュア・サイズのベッド、テーブル、机などの家具が置かれている。

「ハロー、ベティ！」

アンディが小声で話しかけると、小さな扉が開いた。出てきたのは身長十センチに満たないものの完全な人間、それも女性の姿をした生き物だった。肩までの金髪に整った顔、胸は豊かな膨らみを持ち、ウエストも見事にくびれている。まさに完璧な女性だ。思わずケンは叫び声をあげそうになった。リュウは夢でも見ているような気持ちだ。超スモール・サイズの女性、ベティが口を開いた。

「ハイ、アンディ。あら、今日は珍しいお客さんが一緒ね。初めまして、わたしはベティ・ホムン。生まれてからまだ一年しかたっていないわ」

まるで子猫が鳴いているような声だった。しかし、作り物には絶対にない生命の輝きが感じられる。

「ベティ、こちらはケンとリュウ。日本からやって来たんだ」

ケンとリュウはかろうじて挨拶できたものの、驚きのあまり満足な会話はできなかった。ベティ嬢の住居を離れてからアンディが説明してくれた。

「あれはパラケルスス博士が作りだした人工生命を再現したもので、ホムンクルスと命名されているんだ。人間の精液を馬糞とともにフラスコに密閉し、四十日たつと生命が発生する。もっとも身体が透き通っていて、非常に弱く、まだ完全な生命といえる状態じゃないんだ。そこで次に人の血液で育ててやる、四十週ものあいだね。それがさっきのベティだよ。身体の大きさをのぞけば完璧な人間だ。博士が魔術師、錬金術師としての才能だけじゃなく、医師としても非凡だったからこそできたんだ。素晴らしいだろう」

呆然として声もないふたりの顔を見て、アンディはさらに彼の成果を披露してくれた。酒瓶に閉じ込めた生き物だった。それはケンたちがピラミッドの神殿で見た悪魔鳥に似ていたが、羽がなく、姿もずっと小さい。まるでカメレオンとネズミのあいの子といった感じだ。しかし、その顔つきは邪悪なたくらみを秘めているようにゆがんでいる。

「こいつは悪魔だよ。捕まえるのは簡単、魔法陣の中心で呪文を唱えれば、勝手に瓶に飛び込んでくるんだ。まあ、それなりの魔術知識がなければ無理だし、低級な悪魔しか封じ込められないのが欠点さ。こいつにできることはサイコロの目を変えることぐらいなんだ。やってみようか」

アンディはサイコロを取り出して悪魔に命令した。悪魔はふてぶてしくうなずき、サイコロに向かってなにかつぶやいた。サイコロの目がアンディの指示通りだったのはいうまでもない。

「ギャンブラーだったらこいつでも間に合うんだけど、われわれにはたいした役に立たない。まあ、参考にしてくれたまえ」

次々と披露されるものにケンとリュウは圧倒されていた。ワトスン導師がふたりに向かっていった。

「魔術が難しいのは、いくら条件を整えてやっても、必ずしも同じ結果が得られないということなんだ。だから奇跡とか秘術とかいわれてしまう。科学者が魔術を非難するのも同じ理由さ。予測不可能なんだ。もちろん、これはわれわれが研究不足、力不足ということ。いずれは克服されると信じているよ。この館ではさまざまな魔術研究がなされているが〝魔術の合理的解明〟が大きなテーマなんだ」

ようやくのこと、ケンが口を開いた。

「ぼくは魔術というものが、もっともっと難しいものだと思っていました。でも、こうしていろいろ見せていただくと、考え方が変わりました。ぼくが今までこうした世界をまったく知らなかっただけだと思います」

「そうとも。一般の人が魔術の世界史を知ったら、人類史が大幅に訂正されることになる。混乱がおこるに違いない。だからわれわれは限られた人々にしか研究を公開しないのだよ。さて、次の部屋にいこうか。アンディ、夕食に会おう」

錬金術（Alchemy）

古代エジプトが発祥の地とされる学問。科学の前段階ともいえる疑似科学の要素が強く、魔術的要素も大きいことから近世ヨーロッパにおいて大流行した。錬金術の当初の目的は文字通り卑金属（酸化されやすい金属。貴金属の反対語）から〝金〟を作りだすことにあり、水銀や硫黄が重要な役割を占めていた。しかし、中世以降は精神的な意味合いが大きくなった。錬金術は〝秘術〟的な要素が強く、象徴的な表現や不可思議な記述、寓意を好むことで神秘的色彩をさらに増した。錬金術師が金の合成に挑戦するのは、現世的利益を追求するのではなく、金というものが宇宙における完璧さを象徴しているからである。ちなみに卑金属を金に変える力を持つ物質を『賢者の石（エリクサー）』と称した。

一方、中国では古代から錬丹術というものが研究されていた。これは薬草、鉱物学の研究などから発展して〝不老不死〟の霊薬を目的としている。こうした考え方はヨーロッパ大陸にも伝わり『賢者の石』は単に卑金属を金に変換する力を持つばかりで

なく、人間に永遠の生命を保証するものとなったのである。

十世紀頃、この学問はアラビアが主導的な立場をとっていたが、十二〜十三世紀に入るとキリスト教会に属する有能な聖職者たちが次々と錬金術思想に傾倒していった。ロジャー・ベーコン（R.Bacon 一二一四〜一二九二頃）、アルベルトゥス・マグヌス（A.Magnus 一一九三〜一二八〇頃）たちである。これは、ギリシャ哲学を受け継いだアラビア人が、その知識をラテン語に翻訳したことによる功績が大きかった。ヨーロッパ人はキリスト教によって一時中断されたギリシャ哲学を再び受け入れることになる。

そして、十六世紀に入ると錬金術を飛躍的に科学に近づけるパラケルスス博士（Paracelsus 一四九三〜一五四一 ドイツの錬金術師兼医師、哲学者）が出現した。彼とその信奉者は「錬金術の目的は黄金を作りだすことではなく、人間の病気を治す医薬を作ることにある」と、錬金術の膨大な蓄積を医学に結びつけたのである。

現在、錬金術というと山師、詐欺師といったまやかしものの印象があることは確かだだが、近代科学の母体として、また魔術学の発展の上では計り知れない大きな功績を持っているのである。

■バラの幽霊（Ghost of Rose）

フランス、ヴァルモンの修道院長ピエール・ド・ロレーヌ（一六四九〜一七二一）は〝植物や動物が再生するように、死者もまた再生することができる〟と述べた。そして、それを実証するために〝バラの幽霊〟の実験を繰り返したという。バラの生命の源である種子から塩を採り出し、それに太陽光線と朝露という生命維持のための要素で養うことにより、バラを再生できると考えたのだ。

■ホムンクルス（Homunculus）

　直訳すればラテン語で「小さな人」の意味。パラケルススは『物の本性について』という書物のなかでその製造法について詳細に記している。人間の精液を蒸留瓶に密閉、醗酵させた後、馬の胎内と同じ温度にすることで小人が誕生するという。これは四十日間かかる。しかし、この時点ではまだ肉体は完成されておらず、透明な状態のままである。そこで次の四十週間は人間の血液を栄養分として育てる。こうして小人は完全な肉体を手に入れるのである。

■小瓶の悪魔（Devil in the Phial）

　比較的霊力の弱い悪魔を瓶に閉じ込め、使役する魔術がある。金曜日の深夜、両刃の短剣を持ち、床に直径二メートルほどの円とその内部にペンタグラムを描いた魔法陣（精霊を召喚する際に使用される）の中央で、所定の呪文を唱えることで悪魔を小瓶に封じ込めることができる。パラケルススもインスブルック滞在中に悪魔を策略で捕らえ、自分の召使にしたといわれている。

スクライイング／タロット

階段を昇り、またいくつか部屋を横切って歩いた。ワトスン導師が歩きながら説明してくれる。

「次はな、スクライイングというものをお見せしよう。研究しているのはこの館でも最長老のインゲ婆さん、ジプシーの血が混じっているんだ。まあ、脅かされんように……」

廊下の突き当たりの扉を開けた。薄暗い室内は香が焚かれ、中央の小さなテーブルを前に老婆がぽつんとしゃがんでいる。骸骨に皮が張りついたようなしわだらけの横顔、鉤鼻が異常に大きく見える。首にはネックレスを幾重にも巻き、きらきらしたイヤリングが目立つ。老婆は導師への挨拶もそこそこにテーブル上の水晶玉に塩を振りかけ、黒ビロードの布で磨いている。そして、ケンとリュウを見ると納得したようにうなずいた。老婆はしわがれた声でつぶやいた。

「ワトスン、それからおふたりさん、よくご覧なされ。これほど鮮明なヴィジョンが得られるのは珍しいんじゃ」

いわれるままに水晶玉をのぞいた。ていねいに磨かれた玉の表面は、最初は部屋の薄明かりを反射していたが、やがて微妙な変化が起こった。玉の中央部分に霧のようなものが見えてきた。霧は玉の内部を覆うほど広がり、また消えていく。……すると玉の内部が異常に澄んできた。そして、映像が見えてきた。何人もの人が右往左往しているように見えた。よく見ると、画面の連中は遊んでいるのではなく、戦っている。水晶玉のヴィジョンというのは、こんなにも鮮明に見えるものなのか。ケンはテレビ画面を楽しむような気持ちになった。しかし、もしこれがテレビだったら、よっぽど最先端の技術を駆使しなければならないことに気がついた。つまり、見る側がもっと詳細に見たいと思うとクローズアップになり、画面の端が見たくなれば、映像もまたそちらにパンする。つまり、映し出される画面を受け取るのではなく、こちらがカメラマンの役目をしているのである。見る側の意志に自動カメラが敏感に反応しているように。

「お若いの……」

老婆にいわれてケンとリュウは一瞬、画面から目をそらした。

「もっとよく、この連中を見ておくことだ。ごらん、真ん中にいるのはおまえたちだ」

そういわれて、ギョッとなってふたりは画面を見つめた。気持ちは映像にすぐ伝わり、闘争の中心人物のアップとなった。そうだ、たしかにそこでケンとリュウが戦っていた。そうだ、ふたりとも中世の鎧兜を身にまとい、剣を振るい、楯で敵の攻撃を防いでいる。そうだ、これは見たことがある。たしかカイロで昼寝をしたときに見た夢と同じだ。そう思ってケンはリュウを見た。リュウもこちらを向いて怒鳴った。

「ケン、ぼくがカイロで見た夢はこれに似ている。なぜ、こんな映像を見るんだろう」

「リュウ、ぼくもそうなんだ。しかし……」

言葉がでなかった。もっとも詳細な箇所に関してはカイロの夢とはだいぶ異なっている。第一、戦っている場所がピラミッドの頂上ではなく、廃墟のような場所だ。それに、ふたりに襲いかかる敵の姿がまったく違う。上半身が人間で下半身が馬の身体を持ったケンタウロスみたいな奴をはじめ、ほとんどが動物と人間の合体した奇妙な生き物なのだ。ひどくグロテスクで、残忍な顔をしている。と、見る間に怪物の鋭い牙でケンの右腕が切り裂かれた。鮮血が腕を伝わり、握りしめた剣の先端からしたたり落ちる。画面からケンのうめき声が聞こえてくるようだ。

スクライイング (Scrying)

未来を透視するためには具体的なヴィジョン(幻影)を見ることが必要とされる。そのために反射する性質や透明度の高い物質、例えば静かな湖面とか容器にいれた水、鏡、それに水晶などをスクリーンとして利用することは、古代社会から世界中でおこなわれていた。そのなかで、とりわけ効果的な物質は水晶とされている。水晶による透視術はクリスタロマンシー（Crystalomancy）と呼ばれる。なぜ水晶なのか。それは水晶という清純無垢な結晶そのものが術者の霊能力を高め、実力以上の効果を発揮することが経験的に認知されているからだろう。

水晶球を購入する場合には必ず数個並べて、実際に自分の手で感触を確かめることが必要とされる。術者と水晶球との相性のようなものが透視力をも大きく左右するからである。さらに定期的に清浄されなくてはならない。これには塩（できれば自然の岩塩）を使用し、少々まぶしては磨くのである。こうすることによって水晶球は常に無垢でありつづける。香を焚き込めることも効果的である。

しかし、水晶球を凝視することで誰でもがヴィジョンを得られるというわけではない。術者の霊視能力次第であることはいうまでもないが、訓練することによって一般の人間でもかなりのものを見ることができるという。水晶球を凝視すると、最初は内部に霧がかかったようになる。そうした状態がしばらくつづいた後、突然ヴィジョンが出現する。抽象的なヴィジョンの場合、それを解読するためのテクニックが必要となる。例えば、色彩でいえば白、緑、青は幸運の兆しを意味し、黒、赤、黄色は不吉な予兆である。

絶句しているケンに老婆が語りかけた。

「今朝から何度見ても、このヴィジョンばかりが見える。実はタロット・カードで占ってみたが、同じ結果じゃった。……おまえたちを襲っているのは邪悪な悪魔ども。それも並大抵の悪魔じゃない。手ごわい奴らばかりじゃ」

ワトスン導師も、さすがに心配な様子だ。

「インゲ婆さん、いったいどういう意味なんだ。ふたりに説明してくれんだろうか」

「もちろんじゃとも。婆の見立てでは数日後、実際に悪魔どもの攻撃を受けるということじゃ。しかし、何度見てもわからないのは、この戦いの結果なんじゃ。最後になるとヴィジョンが急にぼやけてしまい、どちらが勝つのか読めないんじゃ。……おそらく今の現在の時点では結果が出せんのだよ。見てごらん、あんたたちはひどく劣勢だろ。ふつうだったら負け戦のヴィジョンが見えるはずなんだがな」

「しかし、闇の軍隊はいままで全面対決は仕掛けてこなかった。狡猾な手段で妨害工作をしていただけじゃないか。……そうか、奴らは総攻撃に出る気なんだな。まずい、われわれの準備が間に合わないかも知れない」

唸るような導師の言葉にリュウが口をはさんだ。

「どういうことなんですか。闇の軍隊に負けるかも知れないんですか」

「その可能性はある。一対一の戦いならば、わが同志の魔術の方が優れている。それは敵もわかっているんだ。しかし、総力戦となれば彼らの力は二倍にも三倍にもなる。今、われわれは世界中の優れた魔術師の団結を計画している。しかし、魔術師というのは一匹狼が多くて、団結が難しいんだ。敵側についた魔術師も少なくない。ともあれ急がなければ。そうだ、きみたちにも武器を与えよう」

■タロット（Tarot）**占い**

霊的能力に優れたジプシーにとってタロット・カードを使用した未来予知は切り離せない関係にある。タロット・カードはトランプの原型ともいえるもので、二十二枚の大アルカナ（Arcana＝ラテン語で〝秘密〟の意味）と、五十六枚の小アルカナからなる。

寓意の込められた絵柄はその発生についても神秘的なベールに包まれている。一説によれば、古代社会で驚異的な蔵書を誇ったアレクサンドリア図書館が破壊された際、〝世界の秘密〟を封じ込めた一冊の書物が持ち出された。七十八ページからなるこの書物は流浪の民であるジプシーによって一枚ずつばらばらにされ、カードとなって伝えられているという。したがって、これらを組み合わせると古代の失われた知識が復元されると考えられている。

魔術武器

せかされるままにインゲ婆さんの部屋をあとにして、館の最上階に向かった。屋根裏部屋に着いた。物置に使われているのだろう。広い部屋に所狭しとさまざまな品物が置かれ、古道具屋の倉庫みたいだ。導師が奥に向かって声をかける。

「おおい、オットー、いるかね」

返事がない。導師は大きな品物の前に進み、覆いの布を取り払うと、高さが二メートルもありそうな鏡が現れた。ていねいな彫刻が施された縁取りは、いかにもクラシックな感じがする。導師は鏡の正面に立ち、両手を胸元で組んで低い声でなにかをつぶやいた。すると、鏡に映った導師の姿がゆがみ、まったく別の人物が映しだされた。五十代くらいの逞しい男だった。彼はこちらをのぞきこむように見回し、ニコリと笑うと鏡から跳び出してきた。

「ワトスン導師、相変わらず元気そうですな。ちょっと薬草を探しにアフガニスタンへいっていたんだ。お待たせしたかな」

「いやいや、待ちはしない。さっそくだが、このふたりになにか武器を選んでほしいんだ」

導師はふたりに男を紹介してくれた。

「きみたち、この男はオットーといってな、魔術武器の大家だ。もちろん優れた魔術師としても知られた存在だ。いまの魔術を見てもおわかりだろう」

オットーが口を出した。

「この若造に武器を用意しろというんですか。彼らはたいした魔術能力を持っていないように見受けます。あまり強力な武器を与えてしまうと、かえって本人が破壊される恐れ

鏡の魔術 (Mirror Magic)

ものの形を正確に映し出す鏡の特性は、古代から多くの人々の魔術的対象となってきた。したがって鏡を利用した魔術も多数ある。西洋では鏡が割れるのは不吉の証拠だし、鏡を向かい合わせに置いてその中央に立つと、十三番目に映った姿が自分の死んだときの顔だと信じられている。鏡の向こう側にもうひとつの世界があると思うのはアリスならずとも考えることだ。

がありますよ」

「わかっている。しかし事態は深刻なんだ。実力はあとでつける予定なんだよ。だから、リアクションやフィードバックの少ない武器が望ましい」

「承知した。それではさっそく探しましょう」

オットーはあちこちを捜し回った。ガラクタに見える品物のなかからなにかを引っ張りだしては考え、首をかしげて放り投げてしまう。そんな動作を何度か繰り返してから、一本の薄汚れたナイフを捜し出した。

「あったぞ。こいつはケン、おまえにやろう。ただのナイフと思ったら大間違いだ。刃はダマスカス仕上げ、柄にはサーベル・タイガーの牙を使っている。見てごらん」

ケンはナイフを受け取った。小さなナイフ

だが、ずしりと重量感がある。刃の全体に波紋のような模様が浮き出ている。さらに右側面には AGLA の花文字、左側には王冠をかぶった蛇がのたうつ図柄が刻まれている。

「なんですか、この AGLA（アグラ）というのは……」

「知らんのか、これじゃ宝の持ち腐れだ。この AGLA というのはヘブライ語で Athah Gabor Leolam. Adonai つまり『汝は強大にして永遠なり、主よ』という強力な呪文の頭文字なんだ。悪魔払いと精霊の召喚の両方に使える。それから反対側のものはバシリスク、この図柄を見つめるだけで魔術能力が飛躍的に高まるんだ」

オットーはまたあれこれと探し回り、かなり重そうな剣を見つけ出した。

「さて、リュウにはこれが向いている。おまえは背丈があるし、剣を使った経験があるだろう」

リュウが不安そうに答えた。

「なぜ、そんなことをご存じなんですか？」

「おまえの筋肉のつきかたを見ればわかるさ。この剣は中国の産で〝七星剣〟と名づけられている。ほら、刀身に彫ってある七つの点が北斗七星のシンボルなんだよ。別名〝辟《へき》邪《じゃ》の剣〟だ。『邪悪なものを除き払う』という意味だ。さあ、振ってみなさい」

リュウは七星剣を両手で握り、振ってみたが、かなり重量がある。オットーがいった。

「いいかいリュウ。この剣を片手でも扱えるように、毎日訓練しなさい。それから、ふだんはこうして身につけておくといい」

オットーは剣を胸元に下げ、握りの部分の先端を親指で押した。すると、いかにも剛直そうな剣がまるで一本の鞭のように細く、しなやかになった。

「どうだ、驚いたか。こんな仕掛けの剣が三千年も前の中国で作られたとは驚きだろう。しかも霊力は抜群だ。大事にしてくれよ」

リュウはいわれるままに剣をベルトがわりに腰に巻いた。満足そうに見ていたワトスン導師が口を開いた。

「ありがとう、オットー。わたしも耳にはしていたが、こうした名品を見るのは初めてだ。……ところで、ついでにきみの武器コレクションを拝見できんかね」

「よろしいですよ。お見せできるのを待っていました。わたしのコレクションはすべて一流品ぞろい。いずれも悪魔や魔獣の十や二十は退治したものばかりです。武器に強烈な霊エネルギーを凝縮した、魔術師の血と汗の結晶なんですから」

胸をはってオットーは答え、部屋のさらに奥まった場所にある武器蔵に案内してくれた。扉には漢字のような文字が書かれた紙の封印がしてある。オットーは胸元で両手を組み、人指し指を封印に向けてから小さく〝えいっ〟と叫んだ。封印の中央がピシッと切り裂かれた。

「さあ、お入りください」

魔術武器 (Magical weapon)

身を守るためにも、攻撃のためにも、武器は人間にとって重要な道具である。もし、武器に魔力が備わるものなら、その信頼性もさらに増すだろうと考えるのは当然である。魔力の備わった武器、すなわち魔術武器はそんな人間の欲求のなかから生まれた。日本の刀鍛冶は製作にあたって身を清め、不浄とされる女性をけっして近づけないという習慣があるのも、刀に神聖なパワーを封じ込めようとしたからである。

〈魔術武器の製作者〉

鉄がまだ人々にあまり知られていなかった時代、鉄製の武器の破壊力はすさまじいものがあった。魔術武器の製作者として知られるドワーフ（Dwalf）のエピソードもそんな背景から生まれたのだろう。北欧神話に登場するドワーフ（＝ドヴェルグ）はスカンディナビアの岩山に住む腕の異常に長い妖精だ。彼らは生来の鍛冶職人として知られ、しかも彼らの作った武器には恐るべき魔力が秘められているという。彼らの魔術武器でもっとも有名なものはグングニルという槍。北欧神話の主人公オーディンの持ち物として、狙った的は絶対に外すことがないという魔力を秘めている。ゲルマン神話の英雄ジークフリートもまた、ドワーフから太陽剣と呼ばれる魔術武器を授かっている。

〈英雄と魔術武器〉

英雄にまつわる魔術武器も各地の伝説に残されている。例えばデンマーク王ヘグニの所有する魔剣は、人間の血を見るまではけっして鞘に納まらないという不気味さで知られ、イングランドの英雄ベーオウルフの剣は血を振りかけて鍛えられた代物だ。ギリシャ神話に登場するペルセウスがメドゥーサの首を切り落としたのは、地球上のどんな金属よりも硬い刃を持つ新月刀だった。またケルト神話に記されたズフタフの槍は戦いの兆しを感じると柄から火炎を噴出し、ひとりでに戦場に向かっていくという好戦的な武器だ。英雄が使うことによって、また、激しい闘いを繰り返すことによって、後天的に魔術能力を備えていった武器もある。

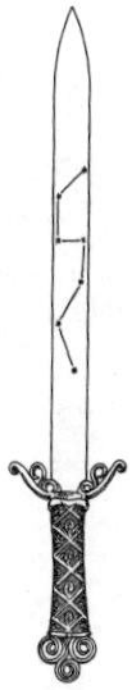

■七星剣《しちせいけん》

道教を信奉する中国では、いまも道教儀式には欠かせない呪具として使用されている。道教では北斗七星は人間の生死を司る神であり、そのマークの入った剣は悪霊封じに絶妙の効果を発揮するとされる。

■バシリスク (Basilisk)

ギリシャ語で「小さな王」を意味するバシリスクは頭に冠に似た印を持つ小さな蛇の形をしている。〝殺害〟〝天敵〟を象徴している。

■アグラの小剣 (knife of AGLA)

刀身に呪文などの文字を刻むことはよくおこなわれる。この剣のダマスカス仕上げというのは複数の色の異なった金属を重ねて鍛造することにより、美しい波形、もしくは木目のような模様を浮かび上がらせたもの。カバラ魔術の影響の濃い魔剣である。

武器庫の内部は思いのほか整然とし、左右に並ぶガラスケースにさまざまなものが一点ずつ、ていねいに陳列されている。小剣、剣、槍、矛、棍棒、楯、兜、鎧……。なかにはどう使うのかわからない物も数々ある。オットーは自慢げにひとつひとつの説明をしてくれる。

「いまのところお見せできるのはイギリス、ヨーロッパの武器ばかりです。この小剣はケルトの偉大な魔術師、マーリンが使ったとされています。ほら、この長剣は有名なエク[*二]スカリバー。その隣が武器職人で知られた妖精ドワーフが作ったとされる短剣です。装飾も美しいが切れ味はもっと素晴らしい。それから、あそこの小剣はモーゼの持ち物でした。ユダヤの民を引き連れて、海をふたつに分けるという大魔術をおこなった際に霊力を与えた剣です……。そう、あそこの鎧はシーザーが愛用したとされる逸品で、元はケルトの魔術鍛冶から奪ったもの。たいていの剣では傷ひとつつかないし、槍の攻撃も防御します。リュウ、きみの七星剣の威力を試してみるかい。思い切りこの鎧を切ってごらん」

躊躇しながらもリュウは剣を構え、鎧を一撃した。すると、鎧はまるで紙のようにざっくり切り裂かれた。

「すごい、簡単に切れちゃった」

驚きの声をあげたのは、見物していたケンの方だ。リュウは呆然とした様子で剣先を見つめていた。

「さすが七星剣だ。リュウのような魔術の素人でもこれほどなんだから。オットーの見立ては素晴らしい」

ワトスン導師の賛辞にオットーは頭を下げて応えた。

オブジェクト・リーディング

「ところで導師、あなたに是非、触れていただきたい物があります。強い霊気を感じるんですが、素性がわからないんです」

オットーはそういって、細身の剣を一振り差し出した。

「オブジェクト・リーディングを所望か。よろしい、承知した」

導師は剣に右手を置き、静かに目を閉じた。

「……ふむ、そうか。オットーくん、わかったよ。この剣はジャンヌ・ダルクが愛用したものだ。きみが感じる霊気は、火あぶりにされた彼女の怨念が凝縮したものだ」

「やっぱりそうですか。わたしも予想していたのですが、これで納得しました。ありがとうございました。さて導師、さほど時間もないでしょうから、最近入手したコレクションを見てください。……さあ、これですよ。フランスのツールーズ地方の魔女のものです。彼女は十四世紀の人間で、例の魔女狩りで処刑されてしまったんですな。助かった魔女たちが密かに彼女の魔術道具を保管していたというわけです」

示された片隅には古びた箒、フード付きの黒マント、いくつかの小瓶、乾燥した薬草の束、頭髪、それに異常に大きな鉄鍋があった。導師が説明してくれた。

「魔女狩りというのは十四世紀から十六世紀に起こった出来事でな、四十万人もの人間が殺害された。そのなかには本物の魔女もいたが、ほとんどは魔術とは無関係の市民たちだったんだ。政治権力と結びついたクリスチャンが、自分たち以外の魔術を恐れるあまりにヒステリーになった結果だよ。闇の軍隊を放っておくと、同じ悲劇が起こりかねないんだ。きみたちの奮起を期待しているよ」

「でも、僕たちはこの間まで魔術のことなんか全然知らなかったんですよ。本当にぼくたちがお役に立つことができるんでしょうか?」

導師は自信ありげに答えた。

「だいじょうぶ。きみたちにはわたしの魔術能力のすべてを授けるつもりだ。安心なさい」

オブジェクト・リーディング

(Object Reading)

人間の所有物が、その所有者の意識や歴史を記憶として持っているという考え方がある。優れた霊能力の持ち主は品物に触れただけで、その所有者の性格や過去に起こった出来事、秘められた事実などを感じ取ってしまう。オブジェクト・リーディングとはそうした術である。こうした能力はしばしば迷宮入りしそうな犯罪などに効力を発揮する。優れたオブジェクト・リーダー（霊能者）が警察の依頼を受けて行方不明者の所有物に触れる。すると、その人物がどんな経緯で事件に巻き込まれ、犯人の特徴や生死までが読み取れるのである。もし、その人物が死んでしまっていたとしても、その埋葬場所について明快なヴィジョンが得られるのである。

魔女 (Witches)

中世以降、ヨーロッパで魔女の存在がキリスト教会によって派手に宣伝された。魔女とは悪魔と契約を取り交わし、魔術を自由に駆使できる能力を持つ女性（男性の場合もある）のことを指す。その代償として彼女たちは悪魔に対して絶対服従を誓うというものだ。そして、悪魔の指示に従い、疫病や飢饉、災害などを起こして社会を混乱に巻き込むとされた。実際のところ、キリスト教会にとって弊害があるとされた魔術や民間信仰、土着の宗教、民間治療やまじないなどがそのターゲットとされ〝魔女〟の名前のもとに多くの罪のない人間が殺された。

〈魔女の道具と使い魔〉

魔女はその魔術の実行のために各種の道具を使用する。代表的なものは〝箒《ほうき》〟である。彼女たちは箒にまたがることにより自由に空中飛行ができ、深夜に催される魔女の宴会（後述）にも出かけた。また〝魔女の大鍋〟も大事な道具だ。彼女たちは大鍋で〝魔女の軟膏〟作りに精を出したという。軟膏は魔女術の実行のために欠かせないものだ。その材料はガマガエルの脂肪やトカゲの舌、馬の陰部など気持ちの悪いものをはじめ、キョウチクトウ、ベラドンナ、チョウセンアサガオといった麻酔・興奮効果のある植物が中心だ。さて、魔女には〝使い魔〟というものが同伴する。いわば助手的な役目をするのだが、これにはイヌ、ネコ、カラス、カエルなどがいる。これらは悪魔からの贈り物と考えられている。

〈魔女の宴会（サバト=Sabbath）〉

　夏至、冬至など一定時期になると、魔女たちは集会を開く。深夜、魔女たちは各地から箒にまたがって森の中や教会などに集まる。宴会（サバト）の主催者は悪魔で、彼女たちは悪魔の尻に接吻した後、乱交パーティを繰り広げるという。


〈魔女裁判〉

　十五世紀になるとキリスト教会は魔女に対して徹底的な弾圧を開始する。魔女には悪魔によって印がつけられており、その箇所は感覚がないとか、河に放り込んで浮かび上がったら魔女だとか、さまざまな証拠のもとに魔女が投獄、殺害された。魔女裁判においては拷問、脅迫などが茶飯事で、隣人から妬みで告訴された者などを含むと実に数十万人が火刑になった。フランスの救世主とされたジャンヌ・ダルク（一四一二～一四三一）も魔女裁判で死刑になったひとりだ。

＊一　コナン・ドイル（Arther Conan Doyle）　一八五九〜一九三〇　シャーロック・ホームズのシリーズで有名な探偵小説家。もともとは医師で、一九〇二年にナイトの爵位を得た。後年は心霊術に傾倒し『心霊術の歴史』（一九二六）などの著書を残している。

＊二　エクスカリバー（Excalibur）　ブリテンの伝説的英雄アーサー王が所持していたとされる魔力のある剣。

シーン 6

ストーンヘンジにて

興奮に満ちた館の見学が終わると、導師はケンとリュウを郊外に誘った。そこは世界でも有数の霊力の満ちた場所で、そこでふたりに秘術を伝授してくれるという。これには館の住人全員が同行するという。敵の目を避けるために、一行は数台の自動車に分かれて乗り、目的地に向かった。

一時間ほど走っただろうか。イギリス特有の丘陵地帯にさしかかり、見晴らしのよさそうな丘の上で自動車が止まった。

「安全のために、ここからは歩こう」

導師を先頭に十人ほどの一行は田舎道を歩いた。やがて、目の前に奇妙な建造物が出現した。

「ストーンヘンジですね、あれは」

ケンの言葉に導師がにこりとうなずいた。ストーンヘンジは先史時代の巨石文明を象徴するような遺跡である。四十トンはあろうかという巨石が円形に並ぶ景色は、訪れる人間に不思議な感銘を与える。イングランドとフランス南部にはこうした遺跡が数多く点在しているが、とりわけストーンヘンジはその規模、精密な工法などで飛び抜けた存在だ。いったい、なにを目的に作られたのか、これが数世紀来、考古学者を悩ましている問題である。ケルト人の祭壇説、ドルイド教徒の集会所、巨人族の墓、権力者の宮殿といった説にはじまって、天体の巨大な模型図、はては古代社会のコンピュータ、UFO基地といった諸説がいまも学会を賑わせている。ケンにも、このていどの歴史知識はある。しかし、ワトスン導師がいった〝世界でも有数の霊的磁場〟が、このストーンヘンジだったとは知らなかった。

ストーンヘンジとドルイド (Stonehenge and Druide)

ストーンヘンジはイギリス南部のソールズベリー平原にある古代遺跡。巨石が円形に巡らされたこの遺跡は紀元前三〇〇〇年頃に着工されたもの。その目的はいまだに謎に包まれている。天文台説、祭壇説などがあり、最近、J.ホーキンス博士は「新石器時代のコンピュータ」であるという説を発表した。伝説によれば、巨人族がエジプトからもたらしたとか、ケルトの魔術師マーリンが魔術によって、アイルランドから当地に運んだという話もある。いずれにせよ、このストーンヘンジはエジプトのピラミッドや日本の山岳信仰などに見られるように、場所の特殊性を無視しては考えられない。古代人は〝霊的な場所〟に対して敏感であり、その場所で祈ったり、祭祀をおこなうことで〝磁場〟のエネルギーをみずからの霊力として蓄えたのである。

また、紀元前にこの地で活躍したケルト人のことも見逃せない。彼らは霊魂の不滅を信じ、魔術に多くの自然神を崇拝し、魔術に絶大な信頼を寄せた。彼らの指導者はドルイド（司祭階級）と呼ばれる聖職者で、非常に高度な魔術を駆使したとされる。ちなみにケルト軍はローマ軍の侵攻によって全滅している。

カバラ魔術への参入

人目を避けるために日没を待った。夕日がふたつの巨石の間に沈んでいく。茜色の太陽光線が、燃える矢のように遺跡の中心を貫いている。この光景は、ケンとリュウにとっては生涯忘れられそうもない感動だ。観光客が去り、館のスタッフが導師の指導のもとに祭祀の支度にとりかかった。遺跡を照らすために松明が用意され、遺跡の中央に複雑な魔法陣が描かれた。直径二メートルほどもあろうか。純白の法衣を身にまとったワトスン導師がケンとリュウに語った。

「強力な磁場に霊力のある魔法陣を描くことで、魔術エネルギーはパワーアップされるんだ。この場所できみたちのために祭祀をおこなう。わたしたちの魔術能力と、魔術研究の成果をすべて、きみたちに捧げよう。いいね、けっして恐れることはない。こころのなかを空っぽにして、謙虚に受けとめなさい。この儀式はエジプト秘儀の流れをくむユダヤ教典、つまり、カバラと呼ばれる魔術論を基調にしているが、わたしが改良を重ねた。おそらくは人類が考えだした魔術のなかでも最強のものだ。それでは、始めよう」

まず、ケンとリュウは全裸になり、法衣を着せられた。インゲ婆さんが〝聖別〟するといって錫製の水差しを傾け、ふたりの頭に振りかけた。アンディは魔法陣の四隅に香を焚いた。ふたりは中央に導かれた。魔法陣の周囲には館のスタッフが取り囲む恰好になった。

「では、ふたりとも目をつぶり、わたしの言葉に耳を傾けなさい。……宇宙の地母神たるイシスよ。わが声を聞き届けたまえ。言葉の創造をつかさどりしトート神よ、威光をあまねく知らしめたまえ。さらにはこの宇宙に存在するすべての善良なる精霊たちよ、われらが企てを成功裏に終わらせることを守護したまえ……」

両手を頭上に掲げた導師の呪文が唱えられると、世界中のあらゆる生き物が沈黙したような静けさが遺跡全体を支配した。続いてケンにはまったく意味不明な言葉が導師の口からこぼれ出た。低く、深く、呻くような口調を聴くうちに、ケンの脳裏に点のような光が見えてきた。純白の光は次第に大きくなり、やがては頭のなかのすべてを占領するほどの大きさになった。ちらりと恐怖心に襲われた。すると光もしぼんでいく。あわてて恐怖心を取り払うと、光はさらに成長を続ける。不思議な逆転現象が起こった。脳裏にあったはずの光が、ケンの身体全体を包んでいる。穏やかな感覚がある。母親の胸に抱かれた赤子のような感覚だ。やがて、ケンは自分を覆う光がさらに強烈になっていくのを感じた。

突然、身体が分解するようなショックがあった。宇宙の彼方から稲妻に直撃されたような刺激だ。それは頭頂から四肢に向かってなんとも表現できないようなバイブレーションを伝えていく。耐えきれずに目を開けたケンは、自分の指先からエネルギーがほとばしり出るのを見た。青白い光が空中に放電している。……放電は次第に弱まり、周囲の緊張も解きほぐれていった。目の前でワトスン導師が微笑んでいた。

「成功した。きみはわれら全員のエネルギーを肉体に吸収したのだ。これからは自信を持って魔術を行使できる。おめでとう」

差し出された導師の手を握ると、館のスタッフから賛辞が寄せられた。晴れがましい気持ちはリュウも味わっていた。外見の変化はまったくないものの、さきほど見た光の玉が胸のあたりに留まっているのが感じられる。そのせいだろうか、目の前の情景や耳に入る言葉、それに丘に吹く爽やかな風までも新鮮に思えた。さっきまでの自分とまったく違う、新しい人間に生まれ変わったという実感があった。導師が言葉を続けた。

「しかし、慢心してはならない。きみたちは魔術修行の入口に着いたばかりなのだ。これからは絶えず修行を積むことを忘れないように。さて、その方法を教えよう。まず、瞑想すること。心を空白にすることで精神がリフレッシュできる。さらにイメージを現実化させるエネルギーを養うことができるんだ。次に、肉眼でものを判断せず、心の目で掌握しなくてはならない。姿形は単なる形象、本質を見誤りやすい。心の目とは、いわば霊的なバイブレーションのこと、こればかりは隠しようがないのだ。このふたつの点だけは、生涯けっして忘れないでほしい」

魔法陣と西洋魔術
(Magic-circle and Magic)

西洋魔術において、魔法陣は非常に重要な意味を持っている。それは、魔術実行の際の特殊な場所として機能させるだけではなく、精霊または悪霊を呼び出すための環境作りの最大重要事であり、さらには自分の身を守るための領域でもあるからだ。日本では〝結界〟や注連縄《しめなわ》などが魔法陣と同じ意味を持つものと思われる。

本来、魔法陣の原始的な形は単なる円形だったと推定されるが、中世以降、西洋魔術における魔法陣の形やデザインは非常に複雑なものになっていった。それは、召喚魔術によって呼び出すべき対象によって決められた。聖なる精

■アグリッパのマジックサークル

ドイツ生まれの魔術思想家アグリッパ（Heinrich Cornelius Agrippa 一四八六～一五三五）はルネサンスが生んだ天才のひとりで、とりわけ自然魔術の研究に優れた業績を残した。彼によれば数、形、文字は普遍的な象徴言語であり、自然界のカバラ的解釈の中から左上図のような複雑な魔法陣を考えだした。

■五芒星（Pentagram）

五芒星は霊力、啓示、知識などの象徴とされる。別名は〝ソロモンの封印〟。右下の図はフランスのカバラ魔術の大家であるエリファス・レヴィ（Eliphas Levi 一八一〇～一八七五）の作った象徴に満ちたもの。

霊を呼び出すときはそれなりのデザイン、文字を配し、悪魔を呼び出す際にはその悪魔の種類や名称によって使い分けられるというものだ。魔術師自身、魔法陣の作り方いかんによって、魔術の結果が左右されるものだから、いきおい文献などを頼りに正確な図形を描かざるをえなかったのである。

■カバラ魔術

カバラ（Kabbalah）とはヘブライ語でユダヤ教の密儀を指す。厳格な修行を経た、少数の弟子にだけ口伝えで教えられる教義だ。具体的にはユダヤ教の宇宙観を〝生命の木〟という図形によって示し、これを理論的根拠とした魔術が十七世紀以降盛んになった。カバラ魔術は宇宙と人間との一体化を目的とし、非常に複雑な儀式を通して目的に達する。

左図の生命の木には、十個のセフィロートと呼ばれる円と、それらを相互に結ぶ二十二本のパス（径）がある。術者はマルクト（王国）からケテル（王冠）を目ざして魔術旅行をするのである。

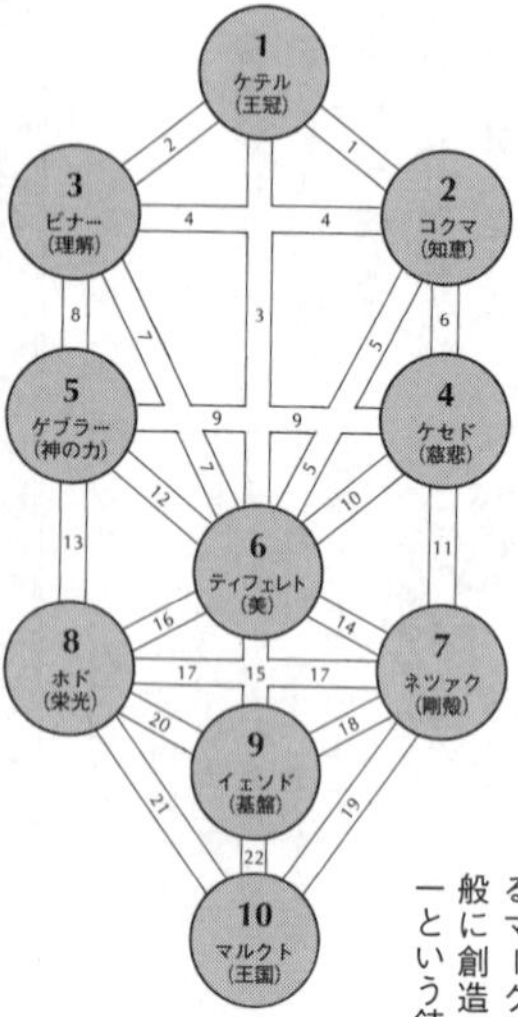

■聖別（Consecration）

宗教用語で、神聖な目的に使用するため世俗的使用から区別することをいう。香油や聖水を使う方法が一般的である。肉体や品物にそれらの神聖なものをふりかけることによって聖別がおこなわれる。

■六芒星（Hexagram）

イスラエルの国章として知られる六芒星は別名〝ダビデの星〟。かつてはユダヤ人を認識するマークだった。この記号は一般に創造を意味し、対立物の統一という錬金術的解釈もある。

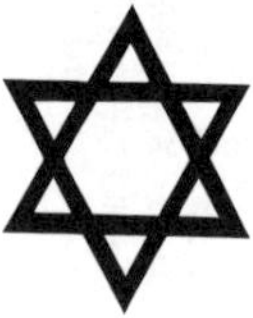

初めての戦い

導師の言葉がふたりの心にしみ込んでいった。そのとき、ケンの心の片隅に妙な苛立ちを感じた。ケンは心のアンテナを広げ、感覚の来る方向を探してみた。〝西の方角に苛立ちの源がある〟心が警鐘を鳴らしている。自分の心がこれほど敏感になっているのに驚いたものの、事態は急迫している。

「導師、西の方向から危険が迫っています。ひどく邪悪なものが近づくのを感じるんです」

導師の表情が一変した。

「諸君、敵が迫ってきたようだ。戦いの準備をなさい！」

すかさずリュウが腰に巻いた武器を伸ばし、両手で握りしめた。武器コレクターのオットーは特大の棍棒を撫でている。ケンが見つめているのを知ったオットーは、自慢の武器について説明してくれた。

「これは樫の木に寄生した〝やどりぎ〟から作られたものなんだ。ケルトについては多少の知識があるだろう。指導者であるドルイド神官は、やどりぎにとてつもない霊力が宿ることを知っていたんだ。この棍棒はあるドルイドが作ったもので〝ケルトの雷《いかずち》〟と、ローマ軍に恐れられていたものだよ」

突然、西の空で稲妻が光った。

「導師、現れました！」

年代物と思える拳銃を手にしたアンディが叫んだ。インゲ婆さんは、もごもごと呪文を唱えはじめた。ケンも、自分に与えられた武器〝アグラの小剣〟を構えた。

最初に襲撃をかけてきたのはカラスの大群だった。もちろんふつうのカラスではない。呪力をかけられた魔獣だ。真っ赤な両眼がひどく陰険に見える。リュウが七星剣をひと振りすると、数十羽のカラスが真っ二つになった。これを避けたカラスの鋭い嘴が、インゲ婆さんの肩口を襲った。とっさに怒りを感じたケンが、思わず小剣をカラスの方に向けて〝くそっ！〟とつぶやくと、剣先から青白い光が飛び出し、カラスは粉々に砕け散った。ひどく強力なパワーだ。周囲の人間がどよめいたが、ケン自身がもっと驚いた。カラスの攻撃が一段落すると、次は肌を刺すような冷気がやってきた。みなの心に恐怖心が芽生えた。

「気をつけなさい、この恐怖心は敵の攻撃だ。われわれの闘争心の弱まりを待って、本隊が突撃してくる手筈だ」

ワトスン導師はそう叫ぶと、両手でペンタグラム（五芒星）を握りしめて呪文を唱えた。すると、恐怖心はすっきりと消え、激しい闘争心が再び心に宿ってくる。いよいよ敵の本隊が見えてきた。生臭い空気が流れている。ケンがカイロで夢に見た悪魔鳥の群れ

だ。また、奇妙な生き物がいくつも加わっている。山羊の頭と人間の肉体を持つ生き物や、異常に耳の尖った侏儒、頭がふたつある人間などが悪魔鳥にまたがり、武器を振りかざして襲撃してきたのだ。館のなかまたちは果敢に立ち向かった。悪魔鳥の悲鳴や、怒声が飛び交い、大量の血液が遺跡を汚した。闇の軍団が攻撃をあきらめ、ふたたび西の空に帰っていった。なかまたちは激しく疲労した表情を見せた。幸いなことに、オットーが右腕に負傷した以外、たいしたダメージは受けていなかった。荒い息を吐きながら導師が話した。

「ケン、リュウ。きみたちがイギリスにいるには危険が多すぎる。アンディを同行させるから、直ちにアフリカに向かいなさい」

ふたりはアンディに伴われて遺跡を後にした。

■やどりぎ（Mistietoe）

ヤドリギ科の常緑低木。樫などに寄生する。ケルト人はヤドリギを冥界に近づく手段となる〝黄金の枝〟として尊重した。ドルイド僧は鎌でヤドリギを切り落とし、それが地上に落ちる前に白布で受け止めて祭祀の供物とした。樫自身が神と考えられ、そこに寄生するヤドリギは神の男根という意味があった。またキリスト教徒の一部には、ヤドリギは〝エデンの園の中心にある木〟と考えた。つまりは〝智恵の木〟である。

近代の魔術師たち

十九世紀の終わりから二十世紀初頭にかけて、優秀な魔術師たちが何人も世界を震撼させた。極度な発展を見せた機械文明と、それを享受する人間たちの欲望が異常に膨れ上がった時代のなかで、魔術師たちの活躍は驕れる人間たちへの警鐘でもあったのだ。合理主義、機械文明の進歩への手放しの賛美、それらは自然への畏敬を忘れさせ、本来の人間の知恵を隠蔽させるものであるのだから。

マクレガー・メイザース(S.L.M.Mathers 一八五四~一九一八)

十九世紀末にイギリスでつくられた魔術教団〝黄金の暁教団(Hermetic Order of Golden Dawn)〟の創立者のひとり。儀式魔術については右に出るものがいないほど精通した人物である。彼は大英図書館での研究活動のなかで、重要な古代の魔術文献を発見し、英語に翻訳することによって近代魔術に新しい知識をもたらした。古代ギリシャの神であり、魔術師たちの守護神であるイシス崇拝を復活させ、多くの儀式魔術を考案したことでも知られる。また、彼の妻モイナは哲学者ベルグソンの妹で、彼女もまた優れた魔術師だった。一九〇〇年、内部分裂によって教団から追放された。

アレスタ・クローリー（Aleister Crowley 一八七五〜一九四七）

二十世紀初頭のヨーロッパでもっともスキャンダラスな男として知られた。伝道牧師の息子として生まれたクローリーは黄金の暁教団に参加した後、インド、メキシコなどを旅行して、各地の魔術知識を研究した。彼の著書『魔術―その理論と実践』は魔術儀式や呪文などを一般人にわかりやすく解説している。彼は『ヨハネの黙示録』に記述されている悪魔の記号「獣666」とは自分のことであると公言してはばからなかった。彼は鏡に映った自分の姿を消したり、不可視の術や悪魔の召喚といった高等魔術を披露している。

ヘレナ・ブラバツキー（Helena Petrovana Blavatsky 一八三一〜一八九一）

ロシア生まれの神秘思想家であり、神智学協会の創立者。幼い頃から霊視能力の優れた彼女は、二十歳をすぎると当時最高の霊媒としてアメリカ、ヨーロッパで活躍した。その後、チベット密教、インド思想、エジプト魔術などの研究にいそしみ、やがてチベット山中で出会ったマハトマ（大師）を生涯の師とするにいたった。彼女の思想は、すべての宗教教義の背後には太古から同一の啓示が存在するというもので、植物、動物、鉱物、人間、精霊にいたるあらゆる存在を宇宙的規模で統一しようと試みた。その思想は大著『ベールを脱いだイシス』『神秘教義』にまとめられている。

D.D.ホーム（Daniel Dunglas Home 一八三三～一八八六）

スコットランド生まれの代表的霊媒師。空中浮遊をはじめとする霊能力は各地で披露され、人々の驚異の的となった。とりわけイギリス社交界では降霊会ブームを巻き起こすほど人気を得た。彼は多くの科学者の立会いのもとでその霊能力を見せている。彼がその能力を発揮すると、まずテーブルを叩く音や部屋のなかの品物が宙を飛ぶなどの現象が起きた。あるときは彼の手の霊がその肉体を離れ、立会いの紳士の額に触れることもあった。ちなみに彼は生涯で百回以上の空中浮遊をおこなっている。彼自身、なぜ空中浮遊ができるのか理解していないが、浮遊中は一種のトランス状態となったという。

エドガー・ケイシー（Edgar Cayce 一八七七～一九四五）

アメリカ、ケンタッキー生まれの彼は子供の頃は平凡な存在だった。二十一歳をすぎたある日、催眠治療中に突然隠された能力が出現した。それ以来、彼は〝バージニア・ビーチの眠れる賢人〟の異名をとり、睡眠中に不治の病人の治療法を伝授するなど目ざましい活躍を始めた。過去の出来事の証明や未来予知に、的中率九十五パーセントと驚異的な正確さを誇った。彼自身の説明によれば、睡眠中に過去・未来のすべての記録を閲覧できるのだという。それは〝アカシック・レコード（Acasic-Record）〟と名づけられ、いわば宇宙全体の膨大なヴィデオ・センター的な役割を持っているという。彼はまた、アトランティス大陸やムー大陸についても詳細な説明をしている。

第二章

アフリカの草原に根強く生きる呪術の歴史は、自然魔術の久遠の歴史を物語る。サバンナの風に乗って魔術の胞子が浮遊し、人々は呪医への信頼を新たにする。

共感魔術、自然魔術、呪術師、ダウジング、魔術植物、ゾンビ、オーディンの秘儀、降雨術、制風術、魔術記号、ヘルメスの杖、巨人族、侏儒族、テューポーン、アンヒスバイナ、オロボン……。

シーン 7

アフリカの草原

共感魔術

ケンとリュウ、それに魔術研究家のアンディは西アフリカにいる。目の前にステップ地帯が広がり、野生動物を見ていると心が清められるような解放感があった。今度の移動は飛行機や汽車、バスなどを乗りついできた。不用意に魔術を使うと、敵にこちらの動きを察知される危険があったのだ。オアシスのかたわらにある小さな村に住みついて一週間。のんびりした時間を過ごしている。ワトスン導師が紹介してくれた呪師を待っているのである。アンディによれば、その男は自然魔術のメッカであるアフリカで、現在もっとも優れた魔術師だという。

「自然魔術ってなんのこと?」

ケンがアンディにたずねた。

「簡単に説明しよう。ロンドンできみたちが知った魔術というのは、けっこう複雑な準備や儀式があっただろう。あれは高等魔術というんだ。自然魔術というのはそのルーツとされるもので、もっと原始的というか、もっと単純なんだ。動物や植物など自然界の持っている力を応用した魔術、ということかな」

「だったら、ロンドンで見た魔術に比べればたいしたことがないんだね」

「とんでもない。単純であればあるほど難しいし、魔術効果もすごいんだよ。勉強するのも並大抵じゃない」

ケンたちは説明をよく理解できなかった。ふたりの不満そうな様子を見て、アンディは提案をした。

「いいかい、これからケンとリュウは別行動するんだ。ぼくはリュウと一緒に村のはずれまでいってみる。ケンはここにいて、リュウのことを一生懸命、考えていること。わかったね」

■自然魔術（Natural Magic）

中世ヨーロッパでは、魔術とは神や精霊を召喚して超自然的な現象を引き出す技術とされていた。天使や善霊を呼び出すことを白魔術（White Magic）、悪魔や悪霊の力を借りることを黒魔術（Black Magic）と分類した。しかし、自然魔術とは本質的に、これらの魔術とはまったく異なった出発点を持っている。霊魂の力に頼るのではなく、医薬や磁力など自然界に存在するものを魔力の源泉としているのだ。F・ベーコン（Francis Bacon 一五六一～一六二六 イギリスの哲学者）は自然魔術を「真正の魔術」と呼び、ルネサンス期の中核をなす魔術観となった。しかし、後世になると、精霊召喚を目的とした魔術と同化する傾向を示すようになった。

ケンをその場に残し、リュックを近くの木の枝に掛けてから、アンディとリュウは歩きだした。村の境界となっている川まで着くと、水牛の群れが川を渡っている。リーダー格の水牛がアンディたちを興味深げに眺めていた。象を思わせるほど大きく、角の幅はゆうに二メートルもありそうだ。その、水牛の目つきが変わった。残忍な視線でふたりをにらみ、口から泡を吹きながら突進してきた。リーダーの後を追って水牛の群れ全体が続く。

「逃げろ」

アンディが顔色を変えて走りだした。リュウも後に続く。しかし、水牛は思いのほか足が速く、ぐんぐんとリュウたちに迫ってくる。

「どうしよう、追いつかれる！」

あせってリュウが叫んだ。アンディはリュウに一本の大木を指した。

「あの木に登るんだ。急いで」

ふたりが登った瞬間、水牛が大木に激突し、衝撃が何度も繰り返す。やがて、ふたりは数百頭の水牛の群れに囲まれてしまった。これほどの群れを前にしてはリュウの剣も役に立ちそうもない。水牛の巨体が繰り返し体当たりするので、大木はメリメリと音を立てる。このままでは大木は倒され、踏み殺されてしまう。絶体絶命、リュウは思わず目を閉じた。ところが、リーダーの水牛が突然、態度を変えた。いままでの敵意があっという間に消え、プイと横を向いたかと思うと川へ戻っていった。そして数百という群れもその後に続いたのだ。

「いったいどうなったの?」

ことの成りゆきにポカンとしてリュウがたずねた。

「じつは、あの水牛のリーダーにイメージを送ったんだ。ぼくたちが狂暴な毒蛇で、群れのこどもに襲いかかるってね。そしたら思っている以上に効果があって、ああなってしまったんだ。すまない」

「じゃあ、きみが仕向けたのかい」

「そう。でも、これほどすさまじい攻撃は予想できなかった。……しかし、わかっただろう、リーダーの意志が群れに伝わる時間が驚くほど早かったことを。彼らは言葉を交わしたりしない。微妙な感覚を察知するんだ」

「それが魔術になんか関係があるのかい」

「もちろん。とっても大切なことさ」

「でも、人間にはそんな能力はないでしょう」

「いやいや、ほら見てごらん。ケンがあわててやって来るよ。彼に聞いてみたらどうだい」

たしかにケンがこちらにやってくる。動かないようにいわれていたはずなのに……。リュウがケンに声をかけた。

「ケン、きみはあそこにいるはずでしょう。どうして来たの?」

「胸騒ぎがしたんだ。きみたちの荷物を掛けてあった木の枝が折れてね、危険な目にあっているような気がして仕方なかった。心配でやって来たんだ」

アンディが満足そうにうなずいた。

「なあ、わかったろう。〝胸騒ぎ〟とか〝虫の知らせ〟というのも人間の能力の一部なんだ。ただ、現代人はいろいろな情報がたくさん入ってくるから、素朴な力がどんどん衰えてしまった。昔は人間のそうした能力はもっともっと研ぎ澄まされていたんだ。言葉を交わさなくても相手の意思が理解できたし、遠くに離れていても意思が通じた。これを学者は〝共感魔術〟って名づけているよ」

なんとなく理解できたような気がした。アンディはさらに提案した。

「ここから少し離れた村に病人が出て、今晩、呪医(シャーマン・ドクター)の儀式があるんだ。いってみないかい」

ふたりが賛成したのはいうまでもない。

■共感魔術（Sympathetic Magic）

原始的な魔術のもっとも基本的なものは共感魔術であるとされている。〝虫の知らせ〟〝胸騒ぎ〟などもこれに含まれる。宗教が発生する前段階の魔術と考えられ、神や精霊など、絶対的な力を召喚するという魔術ではない。命名者であるフレイザー（James Frazer 一八五四～一九四一 文化人類学の父とされる）は『金枝篇』のなかで次のように説明している。

共感魔術
- ①類感魔術（Homoeopathic Magic）
- ②感染魔術（Contagious Magic）

①類感魔術＝「類似は類似を生む」という考え方に基づいたもので、一例をあげれば、敵に見立てた人形などに害を加えたり破壊することで、敵の身体に危害を与えようというもの。数千年前より古代インド、バビロン、エジプト、ギリシャなど各地でこうした発想による魔術がおこなわれた。〝模倣魔術〟とも呼ばれる。

②感染魔術＝一度でも接触した関係にあるものは時間、空間をへだてた後も〝共感〟的な関係を保っているという考え方。魔術師は敵の髪の毛や歯を入手して、それを焼いたり、刺したりして敵自身を傷つける。古代ギリシャでは、誰かを殴ったあとで相手を気の毒に思ったとき、自分の拳に唾を塗ると良いとされた。鎌で怪我した者は鎌をよく磨き、そこに油を塗れば化膿しないという信仰は今日のヨーロッパでも生きている。

呪医／ダウジング

日没後、その村にたどり着くと、もう儀式が始まっていた。焚き火を中心に村のおもだった人々が集まっている。髪を振り乱した呪医が、焚き火に枯れ草を放り込みながら踊り狂っている。その後ろで彼の音楽隊が太鼓や鐘を鳴らしている。患者は焚き火をはさんで呪医の向こう側に横たわっている。ときどき痙攣して、とても苦しそうな様子だ。腹の底まで響く太鼓の音、燃える炎、奇妙な叫び声……、昼間とはまったく異なった世界があった。闇のなかで繰り広げられる儀式は、太古の時代を彷彿させる。おそらくは原始人たちもこうした儀式で病人を治療したり、悪魔払いをしたのだろう。ケンは目の前で繰り広げられる光景に、そんな思いを持った。アンディが説明してくれた。

「いいかい、魔術（Magic）の語源は古代ペルシャの医師僧を指すマギ[*一]（Magi）という言葉なんだ。だから呪医というのは魔術のルーツのひとつなのさ。マギは妖術師でもあり、いろいろな毒草を利用して神憑りになり、患者の身の上になにが起こっているか調べるんだ」

呪医が焚き火に枯れ草を放り込んだ。途端に白煙が舞い上がり、鼻を刺すような臭気があたりに漂った。ケンはその煙を少し吸い込んでむせた。

「いま、焚き火に入れたのが大麻だ。この辺ではどこでも生えている草だよ。麻酔性の

呪医 (Shaman-Doctor)

呪術的方法で病人を治療する医師のこと。医学が確立する以前には、世界各地で魔術師が病人の治療にあたった。病気の原因について、本人もしくは近親者がタブーを犯していないか、妖術師の攻撃か、あるいは死者や神々の関与するものなのかを占術、夢見、幻覚、憑依などによって判断し、その治療法を伝授するのが呪医の役割。中央アフリカ、中国などではいまだに呪医が民衆の支持を受け、村の知識人として待遇されている。一般に呪医は薬草などについて豊富な知識を持っていて、単に因習的なものだと判断するのはあやまっている。

魔術植物 (Magical-Plant)

幻覚を引き起こしたり、興奮作用のある成分を含んだ植物、また特定の神と因縁のある植物を総称して魔術植物という。例えばヘンルーダ（強臭のある南ヨーロッパ原産の薬用植物）はローマ時代から魔除けの植物とされ、持参していれば魔女を見破る効果があるとされた。また、ベラドンナ（ナス科ベラドンナ属）はアルカロイドの毒性の強い植物で、悪魔がとりわけ愛用したという。魔女は飛行の際の軟膏の主材料にし、ときにはこの草で人殺しをしたといわれる。魔術植物の多くは現代科学によってその成分が解明され、麻酔薬や強心剤などに使用されているものも少なくない。

大麻 (Marihuana)

中央アジア原産のアサ科の植物で、雌性株の花序には樹脂の分泌が多く、これが麻酔性（カンナビノール）を持つ。古くからイスラム教徒によって興奮、陶酔、酩酊剤として使用された。薬効の最高時には幻想に見舞われる。十一世紀、イスラム教シーア派の分派であるニザリ教団は、この薬草を多用して若者たちを教化、『暗殺教団』と恐れられた。暗殺者＝Assasin の語源は大麻樹脂（ハッシッシ＝Hashishi）である。

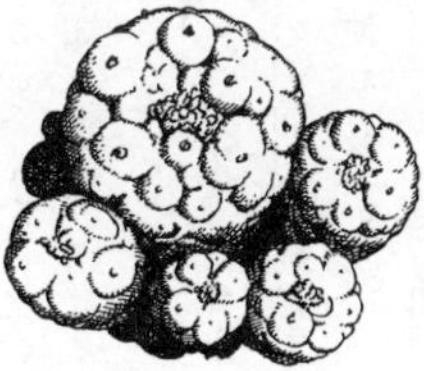

■**ペヨート**（Peyoto）

サボテンの一種でメスカリンをはじめとするアルカロイドが含まれている。古くからメキシコのアステック人やアメリカ・インディアンのあいだで宗教儀式や自己陶酔の薬として使用された。別名を『悪魔の植物』という。メスカリンの特徴は明瞭な色彩幻覚で、音や音楽が色彩として見えることである。この一片をベルトにつけておけば、その魔力で熊に襲われず、鹿は逃げられなくなるので簡単に捕らえられるという。悪魔封じの強力な護符でもある。

■**コカ**（Cocae）

ペルー、ボリビア原産のコカノキ科植物。アンデスの山岳地帯では紀元前からこの植物の葉の咀嚼をおこなっていた。主な成分はコカインである。コカインは体内に吸収されると中枢神経に作用する。興奮、麻痺状態になり、中毒症状となると精神錯乱、酩酊状態、頭痛、眩暈などを引き起こす。妄想が起こると小さな動物が巨大に見えたり、幻想的な怪獣が出現したり、目の前の人間が動物に変身して見えるという。

■**がまの油**

ヒキガエルには目の後ろに毒腺があり、ここから乳状の毒液を分泌する。主な成分はブコアギンで強力な痛み止め、知覚麻痺作用がある。十六世紀のナポリの魔術道士バチスタ・デ・ラ・ポルタ（一五三五～一六一五）は『自然魔術論』のなかで「ガマは沼地の葦の間に棲息するものが最上で、これこそ最も理想的な毒薬の原料である」と記している。がまの油は日本はもとよりヨーロッパ、中南米などで広く使用されていた。

成分があるんだ。この煙を吸い込むと安らかな気持ちになり、幸福感に浸る。それから急性の知覚障害、錯覚や幻覚を見るようになる。つまり、薬物を使って精神を肉体から離脱させるんだ。ここでは大麻だけど、メキシコではペヨートというサボテンの一種が使われ、アンデスではコカの葉、つまりコカインの原料が有名だよ。そのほか、世界にはたくさんの種類の魔術効果を持つ植物が存在するのさ。日本では植物じゃないけれど、がまの油が使われていた」

アンディの魔術知識の広さには驚かされるけれど、がまの油というのは間違っているとケンは思った。

「でも、がまの油は江戸時代の傷薬だったと思うんだけど」

「いやいや、とんでもない。知覚を麻痺させる劇薬だ。ヒキガエルの目玉の後ろに毒腺があり、そこから分泌されるんだけど、十六世紀の魔術学者デ・ラ・ポルタ博士は『自然魔術論』という著作のなかでこう紹介している。『ガマは沼地の葦の間に生息するものが最上で、もっとも理想的な毒薬の原料となる』とね。作り方は、ガマと毒蛇を一匹ずつ鉛の容器に入れる。それから、この二匹を突いて興奮させて毒液を抽出する。そしたら水晶の粉末を混ぜてとろ火で煮込み、水分を蒸発させる。できた毒物はすごい効き目があるんだ。敵に一滴飲ませると、まる一か月は理性と感覚を失ってしまう。だから自在に操れるというわけさ。すごいだろう」

■ダウジング（Dowsing）

二股に分かれた木の枝（ダウジング・ロッドという）などを使って地下の水脈や鉱物などを捜す魔術的技術のこと。ダウザー（探索者）は二股の先を左右の手で握り、枝を水平にして地上を歩く。目的物に近づくと枝の根元の方が反応し、まるで磁石にひかれるように地面を示すという。現代科学をもってしても解明できないこの技術は古代から知られ、現在にいたっても油田を掘り当てたり、警察に協力して殺人犯を捕らえたり、自動車の故障個所を当てるなど各方面で使用されている。その方法も古典的な木の枝を使うものから振り子や金属棒、または指先だけを使用したりと多岐にわたっている。しかし、なぜダウジングが効力を発するのか、いまだに科学的解明はなされていない。

儀式は高揚していた。太鼓の音はさらに激しく鳴り響き、仮面をつけて戦士の服装をした男たちが踊りの輪をつくる。呪医が合図すると、素っ裸で全身に灰を塗った助手が飛びだした。彼はＹ字形の枝の両端を握りしめ、注意深く周囲を歩きはじめたのだ。

「なにをしているんだろう？」

リュウの質問にアンディが答えた。

「ダウジングというんだ。あの枝を使って地中のなにかを探しているのさ。ヨーロッパではさほど珍しいものじゃない。いまだって水脈や鉱脈探しにダウザー（ダウジング技術者）を雇う会社もある。アメリカ国内にはダウザーズ協会という組織があり、会員は二千人もいるそうだ。綿密な地質調査をやるよりもダウジングの方がてっとり早いんだよ」

やがて、呪医の助手は歩くのをやめた。枝の先端が下に向かって震えている。呪医の合図で数人が枝の指した地面を掘りはじめた。五十センチも掘ったあたりで動物の頭蓋骨が見つかった。呪医はうやうやしく頭蓋骨の泥を払い、水を振りかけた。踊り狂う戦士たちが奇妙な叫び声をあげた。

「……なるほど、患者はあの動物を不用意に殺したんだ。だから動物の呪いを受けて病気になったというんだ。呪医が動物の呪いを鎮めているだろう」

「だって、食べるために殺したんでしょう。なぜ呪いを受けるの？」

「ルールがあるんだ。たとえばピグミー族の場合、これから狩りをする動物の絵を砂に書いて、喉の部分に矢を射る。それから狩りに出発して、実際にその動物を殺す。戻ったら動物の血を砂の絵になすりつけてから矢を抜くという儀式が必要なんだ。動物の霊を鎮めるためさ。この村にもそうしたルールがあるんだろう。でも、彼はルールを無視したんで病気になってしまったというのが呪医の見立てというわけだ」

生きる死霊

病気の見立てが済んだので、そろそろ儀式も終わるだろう。よそ者の三人はそう思っていた。しかし、神憑りになった呪医はさらに激しく踊り、武器を持つ戦士たちの雄叫びが飛び交う。ケンの脳裏にいやな予感があった。昼間、リュウたちの危険を察知したときよりも強烈な予感だ。太鼓の音が強くなった。突然、ケンの目の前の地面が盛り上がり、泥だらけの手が空をつかんだ。見ると、地面のあちこちで同じ現象が起こっている。土の中から上半身を起こし、半分腐った顔をこちらに向けている者がいる。

「アンディ、なにが起こったんだろう」

骨の突き出した手で足首をつかまれたリュウが、恐怖にかられて叫んだ。

「しまった。ここは墓場なんだ。つまり、ゾンビだ！」

アンディの答えはケンを納得させない。

「なぜ、ゾンビなの？　ゾンビってのはハイチのブードゥー教に出てくる死霊じゃないか」

「ケン！　ここはハイチに送られた奴隷の故郷なんだ。だから、いわばゾンビの故郷ともいえるんだよ」

うつろな目をしたゾンビたちが、つぎつぎと地中から姿を見せる。よろよろと這いまわり、三人に向かって集まってくる。リュウが剣を抜き、地中から飛び出した腕を切断して逃げて来た。

「なぜおれたちがゾンビに襲われなくちゃならないんだ？」

「たぶん、敵が呪医の霊をコントロールしているんだ。気をつけろ、ゾンビはひどく危険なんだ。連中は魂を抜かれ肉体だけで動いてる。つまり魔術をかけようがないんだ」

ゾンビたちはのろのろとした動作ながら、三人を取り巻く。リュウが切っても切っても立ち上がってくる。真っ二つに切り裂かれた人間や、下半身だけの人間が、こちらに向かってくるのだ。背筋が凍るような光景だ。しかも、ゾンビたちは続々と数が増えている。このままではゾンビの餌食になってしまう。ゾンビの攻撃を避けながら、アンディが叫んだ。

ゾンビ (Zombi)

〝生きる死霊〟ゾンビはブードゥー(Vodou)信仰のもっとも神秘的な部分として知られている。ブードゥー教は西アフリカ土着の信仰が十六世紀、奴隷によってカリブ海のハイチにもたらされ、ローマン・カトリックをはじめ各種の教義を採り入れて、今日の形態となった。その教義によると現実世界は見せかけにすぎず、その背後には重要な霊の力が働いているとする。病気や死は偶発的に訪れるのではなく、悪魔が下す罰なのである。

ブードゥー教義では、その頂点に人間と霊を仲介するレグバ(Reguba)という神がおり、それ以外の神はロア(Loa)と呼ばれ、その下に無数の精霊がいるとされる。注目するのはその暗黒面だ。ブードゥー教の赤色教派と呼ばれる秘密結社は人間を生贄にし、食人、黒魔術に関する儀式をおこなうとされている。その代表的なものがゾンビで、死んだばかりの死者に魔術をかけてまま再生させ、魂の抜けたまま奴隷として使役するのである。ある科学的解釈によれば、特殊な薬物を被害者に飲ませ、仮死状態にして埋葬したのち再生させるのではないかという。

「ケン！　ゾンビは放っておけ。呪医を狙うんだ」

ケンはいわれたまま、焚き火の中央でこちらをにらむ呪医にアグラの小剣を向けて念じた。


〝敵よ去れ！　悪意に満ちた精霊たちに呪いあれ。イシス神よ、汝の霊力で彼らに鉄槌を与えよ！〟

キーンという金属音とともに、アグラの小剣の先端から青白い光が飛び出し、一直線に呪医の額の中央を一撃した。衝撃を受けた呪医は三メートルも吹き飛ばされる。見る間にゾンビたちの動きが鈍くなり、地面に倒れはじめた。やがて、すべてのゾンビが動かなくなった。半分腐りかけた、ただの肉体、つまりは霊魂の容器へと戻っていったのだ。


大麻の影響か、ぼんやりとした表情をしていた村人のなかから拍手があった。拍手の主はさっきまでは見たことのない老人だ。白髪を長く伸ばして、奇妙な彫刻を施した杖を持ち、いかにも砂漠の旅行者という服装をしている。

「いやいや、見事な術じゃ。褒めてつかわすぞ」

ケンとリュウはおかしな老人の出現にとまどった。しかし、アンディは親しそうな笑みを浮かべて、老人を歓迎する。

「これは、アフリカ最高の呪師さま。お待ち申しておりました」

「すまんの。おまえはアンディと申したな、研究は進んでおるかな。ところで汝の名はなんと申す？」

奇妙な言葉遣いの老人の鋭い瞳は、まっすぐケンを見つめている。戸惑うケンにアンディが助け舟をだした。

「呪師さま、この者はケンと申します。こちらはリュウ、いずれも日本から参りました。どうか至高の術を伝授してくださいますように」

アンディはケンたちに老人を紹介した。

「ふたりとも、このお方がコリン呪師さまだ。挨拶しなさい」

＊一　マギ（Magi）　もともとは、紀元前七世紀頃に現イランを中心に栄えたメディア王国で、宗教儀式をつかさどっていた氏族マグ（Magu）がルーツとなった言葉。後にラテン語のマギとなった頃はとりわけ医術にすぐれた魔術師を指す言葉となった。

シーン
8
呪師の教え

オーディンの秘儀参入

思わぬ出会いだった。しかし、いかにも人の良い老人といった雰囲気の持ち主が、アフリカ最高の魔術師であるとは信じられない。老人は、そんなケンたちの気持ちなどは無視し、にこやかに話しかけてきた。

「ワトスン導師がわしに任すといったのは、このふたりじゃな。よしよし、なかなかよい面構えをしとるわい。ところで導師はお元気かな」

アンディが答えた。

「はい、おかげをもちまして。しかし、最近は例の連中の攻撃が激しさを増しましたので、心を痛めておいでです」

「しかり。わしとても同様じゃ。最近、このあたりも騒がしくなっておる。なんとかせねばと思っておったが、導師の気持ちも同じじゃな」

翌日からふたりはコリン呪師の特訓を受けた。ふたりに課せられたのは木の枝から逆さまに吊るされることだった。呪師は語った。

「汝ら、聞くがよい。この術は〝オーディンの秘儀〟といってな、わしの故郷、北欧に伝わる魔術じゃ。九晩のあいだこうしておじゃれ」

コリン呪師はそれだけを伝えると、さっさと去っていった。ふたりは左足に縄をかけられて吊り下げられた。最初はたいしたことがないと思ったが、ものの十分もたつと苦痛が襲ってくる。血液が頭蓋骨に溜まり、頭が膨れ上がったような気持ちになった。一時間たち、リュウの意識はまだはっきりしていたが、ケンは朦朧としてきた。

最初の晩を迎える頃には、ふたりの意識は完全に混濁していた。なにも考えられず、なにも見ることができない。ただ、苦痛だけが絶えず襲ってくる。二晩、三晩たつと、自分が生きているのかどうかさえ、わからなくなった。ただ、なすがままに吊り下げられている。いっさいを口にしていないのに、空腹感はまったくない。意識が遠のいていく。このまま死んでしまうかもしれない。ケンはそう思った。しかし、死の恐怖などは感じず、むしろ生と死の中間でさまよっている恍惚感さえあった。

劇的な変化が訪れたのは八日目のことだ。小雨が降り、ケンとリュウの身体を濡らした。すると、身体中の毛穴が開き、細胞のひとつひとつが水分を吸収して、生き返るような感覚を味わった。そんなことがあってから、ひどく敏感になったようだ。まず、風を感じた。いままでだったら感じたこともない、微妙な風の流れを皮膚が受け止めている。風には温度があった。香りがあり、湿気があった。そして、風が幾重もの層になっていて、それぞれの層が微妙に強弱を持ち、思い思いの方向へ流れている……。しかも、風は明確な意志を持っていた。ケンは心のなかで語りかけた。

〝きみ、もっとぼくのまわりを流れてくれないか〟

すると、風が応えた。ケンの身体の周囲に小さな渦ができたのだ。新鮮な発見だった。その体験の後、地球上のあらゆるものがいままでとは違って見えた。大地の匂い、草木の芽ばえる音、朝露の震え、獣たちの畏怖などが、ひどく身近に感じられた。いままでの自分がいかに鈍感であったかが理解できた。分厚い外套を脱いで、シャツやズボンも取り去って、素っ裸で草原を転げ回る……そういったら理解できるだろうか。ともあれ、ケンとリュウは新しい感覚を獲得したのである。自然がこちらの問いかけに応えてくれる。至上の喜びを感じた。逆さまに吊り下げられていることが苦痛ではなくなった。むしろ楽しくもある。

ところが、さらに驚異的な変化が九日目の晩にやってきたのである。満天の星空を見ていたとき、自分の身体が虚空に向かって拡がっていくのを感じた。無限に向かい、どこまでも限りなく拡散していく。やがて自分の肉体が、宇宙そのものと合致した——、そんな気持ちがした。その途端、宇宙の意志を受け止めた。あらゆる生き物の創造主である〝宇宙意志〟は限りなく優しく、豊かに、ケンの肉体に浸っていった。母の胎内にもどったような、ひどく懐かしい気持ちである。知らずに涙がこぼれ落ちた。生命というものの神秘を感じた。そして、身体の芯を流れる生命の源泉が、太古の羊水に浸って息吹を取り戻していく……次第にケンの身体中を駆けめぐり、指先の末端にいたるまで浸透していく。〝歓喜〟ともいえる体験だった。おそらく、彼らが普通の人間ならば死んでしまったことだろう。しかし、ストーンヘンジで霊力を高めた彼らだからこそ、最悪の事態を招くことなく、試練を乗りきったのだ。

オーディンの秘儀

オーディン（Odin）は北欧神話の主神。魔力を得るために九日間、樫の木に逆さに吊るされ、仮死状態のなかで霊的世界を見ることができたとされる。彼はまた、その苦行のなかでルーン文字（Runes）という魔力を持つ文字を発見した。それは樹木をはじめ、あらゆる自然界のものにその名前が記されているというもの。名前を発見することにより、そのものの本来の魔術的意味を知ることができるとされる。スウェーデンにある紀元七世紀の碑文には次のように記されている。

『これはルーンの隠された意味である。邪悪な魔法に妨害されることなく、ルーンの秘密を記す。この碑を破壊する者は魔力によって、流浪のうちにその生涯を終えるであろう』

また、フリーメーソンの伝説によれば、紀元一世紀にシッゲというアジア人が北ヨーロッパに移住した。彼は魔術能力に優れ、スウェーデンの王となり、予言者として未来を告げたという。その際、彼は自身をオーディンと名づけ、十二人の神官の補佐のもと、地下神殿で魔術儀式を主催し、その勢力を伸ばしたとされる。

降雨術／制風術

「どうかね、創造主の心が理解できたかの」

穏やかな響きを持った声が聞こえる。気がつくと、地面に身体を横たえていた。全身に充実感がみなぎっていた。コリン呪師がケンの顔をのぞき込んでいる。

「はい、呪師さま。素晴らしい体験でした。感謝いたします」

思わず殊勝な言葉が口をついて出た。呪師は微笑みながらつぶやいた。

「声が聞こえたかな、創造主の声が。よし、汝は新しい生命を得たのじゃ。心せよ」

となりにリュウが横たわっていた。彼の方が早く目覚めたようで、ケンと顔を合わせるとウインクしてみせた。彼もまた、この体験に満足しきっている様子だった。

「さあ、成果を試してごらんよ」

アンディが声をかけた。

「そうじゃ、試しなされ。まず雨を降らせてごらん。なに、簡単じゃ。空に語りかければよろしい」

呪師の言葉に、半信半疑だったが、とにかく試してみた。ケンは自分の心を宇宙と同化した状態に戻すよう努めた。カタルシスが全身を襲うのが感じられた。次に雲に向かって念じた。

〝創造主よ、我に恵みを与えられよ。生き物たちの生命の源、天の露を与えたまえ――〟

知らずに言葉が口をついてでた。発せられた呪文はバイブレーションとなり、宇宙に拡がった……ように思えた。すると、雲がケンの意志に応えるように動いたのである。ケンたちの頭上に流れてきたかと思うと、ポツリ、ポツリ、雨が落ちてきた。

自然制御の魔術

魔術にとって、もっともその力を誇示できるのが自然制御である。例えば干ばつの際に雨を降らせたり、洪水を魔力で止めたり、風を自由自在にコントロールできるということは、人々にとって単なる魔術の対象を超えた、神技ともいえるものだった。大自然の脅威を前にして、人々はなすすべもなく飢えたり、恐れたりするしかないのだから、こうした魔術がいかに人々の待ち望んだものであったかは想像に尽くしがたい。

現代もなお、各地で自然制御の魔術がおこなわれている。しかし、複雑な儀式体制を整えたり、膨大な数の生贄を必要とするなど、大がかりなものがほとんどである。しかし、本文中でのケンたちの魔術は自然魔術の延長線上にあるもので、大がかりな儀式や生贄などを必要とせず、ただ自然の営みに心を傾け、その意志をほんの少しコントロールするというものだ。

「まさか、こんな簡単に雨を降らせるなんて！」

絶句してしまった。驚いたのはケンばかりではない。リュウもまた、口をポカンと開けたまま言葉がでない。アンディがケンに握手を求めた。

「すごい、これほどまで自然をコントロールできるなんて！　きみの隠された能力が開花したんだ。素晴らしいじゃないか」

降雨術は見事に成功した。雨にうたれながら、ケンは激しい疲労を感じ、思わず地面に座り込んでしまった。呪師の手がケンの頭に触れた。

「心配ない。自然の制御には想像以上のエネルギーを費やすのじゃ。いいかな、やたらに術を行使するではないぞ」

次に、呪師はリュウに命令した。

「リュウ、風を呼び寄せてごらんあれ」

命じられたリュウは、目を閉じてなにかを念じている。やがて、爽やかな風が吹きはじめた。疲労したケンの頬に風が気持ち良くあたる。風は次第に強さを増していく。木の葉を吹き飛ばし、砂煙を上げてビュウビュウと吹き荒れた。気持ち良さは消え、呼吸が苦しくなった。突風はさらに激しさを増し、なにかにつかまらなければ飛ばされそうな勢いとなった。そのとき、呪師がリュウの頭に手を置いた。

「よい、もうよいのじゃよ。汝も見事じゃ」

リュウが卒倒した。急激なエネルギーの消費に身体が耐えられなかったのだ。三十分ほど後にはリュウは元気を取り戻した。

魔術記号

コリン呪師はふたりを前に教義を説いた。

「よいかな、常にものの真の姿を見極めるよう努めよ。見えるものは真の姿を隠し、汝らを惑わせる。荒野にあっては風のなかに心を漂わせることじゃ。風の音を聞くこと。風の匂いをかぎ分けること。これがすべてじゃ。海にあっては波に漂え。平野にあっては大地に身を委ねる。心は常に宇宙に開き、その御心を受け止めよ。汝らにあたえた力の源泉は〝草の芽〟と知れ。さらに述べれば、創造主の造り賜うたものにはすべて名前がつけられている。なに、地上に乱れ飛ぶ名前はあくまでも仮の名前、本来の名前は創造主のみが御存知なのじゃ。わが秘術はその、本来の名前に直接呼びかけることにある。さすれば相手は応えてくれる。ただし名前は正確に発音しなければならぬ。時間の流れに従い、微妙な強弱と旋律が要求される。わしが呪文の師と称される所以じゃよ……。では次なる秘術を伝授してつかわそう」

呪師によれば、およそ地上に存在するあらゆるものには、その素性や本質、属性を物語る記号が記されているという。石のへこみや樹木の筋、あるいは動物のしわなど、なんの意味もないようなものに隠された記号を知ることこそが魔術師としての大切な知識となるという。本質を知ることは魔術の基本であり、さらにいえば、魔術師の支配下に入ったも同然の存在となるのである。星座の形や精霊の印、あるいは悪魔の刻印……そうしたものを見極める力を養うことこそ、基礎的な魔術研究であると、呪師は語った。

ケンとリュウにとって、実際にものの記号を探し、分類するという作業は簡単ではなかった。いままでケンたちが学校で学んできたものが、むしろ障害となったのである。植物、鉱物といった分類は魔術学ではたいした意味を持たず、善なる精霊に属するか、あるいは悪霊のカテゴリーなのか、といった分類が必要なのだ。……ふたりは呪師に従って訓練を積むうちに、ほとんどのものについて、その記号を発見できるようになった。ケンたちの従来の知識は完全にくつがえされた。そして、意志を持つ宇宙の法則に則ったあらゆる存在についての、本質ともいえる分類を知るに至ったのだ。

魔術記号 (Magical-Symbol)

魔術の教義というものは本来、秘密裏のもとで伝えられるという性格を持っている。敵の悪用や魔術の乱用を避けるといった理由から、部外者には理解しにくい文字や記号で情報を伝えることが頻繁におこなわれてきた。

魔術師たちが魔術記号を多用するには、もうひとつの大きな理由がある。それは、魔術の思想体系が非常に複雑な理論であり、多くの背景を引きずっているからだ。魔術師とは兄弟の関係にある錬金術の世界では記号化や象徴の多用はさらに進み、不可解に思える文章の中にも実に多くの意味が込められている。例えば土星は鉛を意味し、月は銀、太陽は金であり、それぞれが占星術の黄道十二宮や神々と密接なつながりを持つとされる。

いわば、百科事典のような知識と教養があって、はじめて理解できるもの、それが魔術なのである。無数ともいえる魔術記号の中から有名な数点を選んで紹介しよう。

ラバルム (Rabarum)	☧	一般に〝キリストのモノグラム（Monogram＝組み合わせ文字）〟といわれるが、本来はミトラ教（ローマ軍兵士の信仰した宗教）のシンボル・マークである。
T十字 (T-Cross)	T	もともとはドルイド（ケルト人の神官）のシンボルだったとされる。彼らは樫の木の枝をはらい、T字形にすることで〝人間〟に似た神の姿とした。

ケルト十字 (Kerth-Cross)		インドのヒンドゥ教徒の間ではこの印は男根と女陰を象徴するもの。ケルト人もまた同様のシンボル・マークとして扱ったようだ。
ケレス (Ceres)	⚳	古代ローマの地母神を表す。大地を守護するこの女神は天界女神ユノと冥府の女王プロセルピナとともに三相一体をなした。
ユピテル (Jupiter)	♃	古代ローマの天界神を表す。天界女神ユノの夫である。彼は雨の神でもあり、その声は雷鳴、武器は稲妻とされた。
まんじ (Swastika)	卍 卐	世界各地で使われるシンボルで、本来はサンスクリット語で『諦観《ていかん》（入念に見つめること）』を示す。ヨーロッパでは太陽、雨、風の神のシンボルであり、至高神を示す場合もある。逆まんじは黒魔術を示し、ドイツ・ナチのマークともなった。
彗星 (Comet)	☄	飢えと疫病をもたらす凶兆。また支配者、強大な権力者の失墜を象徴するものだ。悪魔来襲の露払い的役割も示す。
処女宮 (Virgo)	♍	十二宮の六番目で、豊穣の女神の汚れなき姿を象徴し、収穫、成熟などの意味がある。また、物質的なものから精神的なものへの回帰のシンボルでもある。
人馬宮 (Sagittarius)	♐	射手座とも呼ばれ、弓を引くケンタウロスの姿で示される。魔術がおこなわれる場所という意味もあり、死、狩猟、嵐の始まりを意味する。タロットでは「隠者」を意味する。

宝瓶宮 (Aquarius)	♒	古代では冬至点の位置するところで洪水、豊穣、雨、嵐を意味し、土星に対応するとされる。錬金術では「溶解」を意味している。
太陽女神 (Sun-Goddess)	☿	西洋と異なり、アジアでは太陽は女性の象徴であり、太陽という最高の神格として女性神をあてた。ヒンドゥ教の太陽神はアディティア、アラブ人の間でも太陽はアトタル女神として崇拝された。日本もまた、最高神である天照大神という女神を天皇直系の始祖とした。
マルス (Mars)	♂	古代ローマの〝赤い〟戦争の神。彼が〝赤い〟とされるのはそのルーツがバラモン教の戦の神ルドラであることから。ルドラは常に生贄を要求し、その体は真っ赤な血で染まっていたという。
フォーク (Fork)	Y	このＹ字形のマークは女性器のシンボルとされる。「泥棒の十字架」というまったく異なった意味もある。イエスとともに処刑された泥棒たちがこの形の十字架を背負っていたという。
巨蟹宮 (Cancer)	♋	月を象徴するシンボルで、月の影響のもとにおこなわれる変質を意味する。また復活、多産、母性という意味もあり、タロットでは「皇帝」の象徴だ。
摩羯宮 (Capricorn)	♑	摩羯はインド神話では混沌を飲み込む魔獣。西洋では、ヤギが魚の尾をつけた図形をしていることから海と山の双方を意味し、土星と関係があるとされる。
双子宮 (Gemini)	♊	両性具有、両極性、逆説、二重性、両義性などを意味する。水星と関係があり、タロットでは「女帝」を示す。

ヘルメスの杖

「さてさて、それでは最後の秘術を伝授しよう」

呪師は、彼が持っているのと同じ杖を作ることを命じた。杖に施された彫刻はたいへん精巧なデザインである。二匹の蛇が絡み合いながら握りの部分に向かっている。そこには一組の翼があり、蛇はその傍らに鎌首をもたげているのである。

「これはな、〝ヘルメスの杖〟といって〝自己と無限の限りない統一〟を意味するのじゃ。わしはグノーシス派の生き残りからこの図柄を教わり、精進を続けていたら珍しいものが現れおったのじゃ」

グノーシス派 (Gnosticism)

グノーシス主義ともいう。キリスト教の隆盛とおなじ時期に地中海地域で生まれた宗教思想運動を指すが、その内容は広範かつ流動的で、キリスト教内部の分派や秘教の信仰者、さらにはゾロアスター教や仏教の影響を強く受けたグループなどを対象としている。四世紀から八世紀にかけて、カトリック教会から激しい攻撃を受けて衰退するものの、その思想は詩や寓話などの形で中世ヨーロッパ社会まで生き残り、十四世紀に絶滅させられたキリスト教また〝異端〟カタリ派（Cathari＝清浄という意味　イタリア、南フランスで勢力を持った）もまたグノーシス派の流れを汲む組織だった。

〈蛇＝知恵者の思想〉

グノーシス（Gnosis）とはギリシャ語で「知識」「認識」を意味する言葉。その基本的な思想は〝人間は本来、神の内部にある霊的存在だったが、なにかの偶然で地上に落下し、人間の肉体のなかに閉じ込められてしまったのだ〟というもの。しかも、そうした境遇を理解できていないのだという。したがって、魂が眠っているのと同じ状態にあると考えている。しかし、人間本来の姿についての知識を得、認識することで魂は「覚醒」し、肉体を脱却して神のもとへ帰還することができるという。

グノーシス派の寓話の代表的なものに『創世記』のエデンの園のエピソードについての解釈がある。キリスト教では、アダムとイブを誘惑して禁断の林檎を食べさせた蛇は、人間の堕落をうながした〝誘惑者〟である。しかし、グノーシス派の解釈はまったく異なり、蛇こそが人間に知恵を授けた〝恩恵者〟という立場をとる。むしろ創造主こそが人間を抑圧しているのだという。

〈魔術学の源泉〉

グノーシス派の思想は当然のことながら、カトリック教会の強い弾圧を受けた。〝サタンの初子〟〝貪欲なオオカミ〟〝毒の商人〟といった激しい言葉が浴びせられたのである。カトリック教会はグノーシス派が「女性も男性と同様に、聖職者、司祭、または予言者として選ばれる」ことを公言したことにも反発した。こうした非難の背後には、グノーシス派が地母神的な存在を認めていたことへの反発も大きかった。カトリック教会の認める創造主のさらに上の存在として、生殖、豊穣を生み出す女性神を配置する世界観など、とうてい承認することができなかったのだ。

カバラ主義者によれば、新約聖書で悪役を演じたシモン・マグス（Simon Magus＝魔術師シモン）こそがグノーシス派の創設者であると断じている。キリスト教の伝承によれば、魔術師シモンは聖ペテロとローマで魔術競べをしたという。シモンは火の車に乗って天界に駆け登り、その霊的能力を示そうと試みた。実際、彼は見えない力によって空中高く引き上げられた。これを見ていた聖ペテロは風の霊に向かって「魔法使いを支えている手を放せ！」と大声で命令したのである。風の霊たちは偉大な聖人の言葉に従わざるをえず、手を放したところ、シモンは墜落して死んでしまったという。もちろん、グノーシス派の支持者はこうしたエピソードを信用していない。

グノーシス派の思想はカトリック教会の弾圧をかいくぐって、秘密裏に伝承され、とりわけ錬金術師や魔術師たちによって支持された。天文学、オカルティズム、錬金術などはグノーシス的「知識」思想によって進歩したといえるほどなのだ。カバラ主義者がグノーシス派の思想のなかに魔術的論拠を見たり、錬金術の思想形成の基礎としたことはいうまでもない。

ヘルメスの杖（Caduceus）

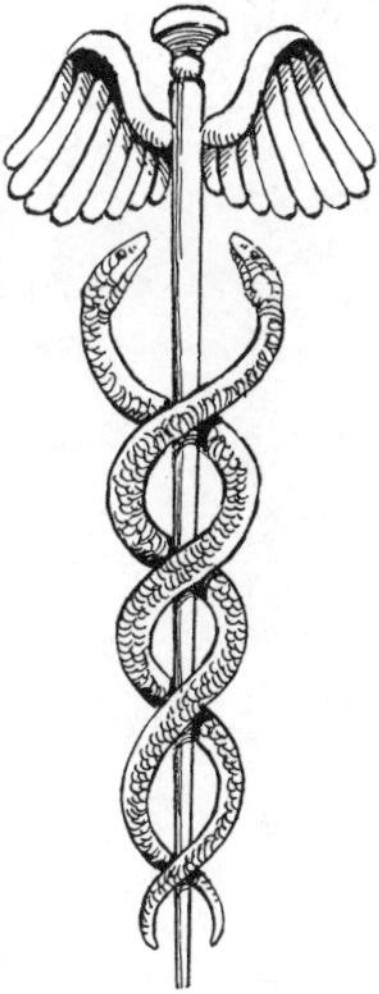

魔術神であり、文学、医学などの神としても知られるヘルメスが持っていたとされる杖。杖の材料は樫の木であるとされ、巻きついた蛇は彼の知恵を象徴している。樫の木はケルト人が神聖視した霊木である。カドシウス（Caduceus）の語源はギリシャ語で伝令官という意味がある。ギリシャ人はヘルメスを「霊魂導師」と呼んだ。死後の再生、輪廻転生を信じたギリシャ人にとって、魂を導いてくれるヘルメスは死後世界の幸福を約束してくれる神だった。彼はまた、エジプトのトート神、ローマのメルクリウスと同一視され、魔術師たちからヘルメス・メルクリウスと称された。いずれも魔術の守護神として知られた神々だ。

蛇は多くの民族から知恵の象徴として信仰され、シュメール人にとっては生命のシンボルそのものだった。蛇の脱皮と冬眠は「再生」を示す以外の何物でもなかったのだ。ギリシャでもその事情は同様、病人治療を専門とした神殿には必ず〝ヘルメスの杖〟のマークが記されていた。今日でも国際的に医業のシンボルとして知られ、米陸軍軍医部隊（Medical-corps）の記章にもなっている。

なにが出現したのかは教えてくれなかった。しかし、いまやコリン呪師の命令は天の声のように絶対である。ふたりは森へ出かけて樫の木を探した。巨大な樫の木は何本も見つかったものの、ふたりの気持ちはどうもしっくりこない。

〝こんな木ではない〟

という声が心のなかから聞こえてくるようなのだ。そんなとき、一本の樫の木がケンの目にとまった。ほかの木とくらべてどこが違うということはできないが、なにか、力がみなぎっているような印象とでもいうのだろうか。ケンはリュウをうながして、その樫に近づいた。たしかに違う。太い幹の内部に強力なエネルギーを蓄えていて、それが葉先から発散しているように感じられたのだ。リュウがにこりとうなずいた。そして、大人の太股ほどもある枝を切り落とし、呪師のもとに持ちかえった。

「この枝を選んだのか、なるほど……」

呪師は満足げにいった。そして呪師の指導のもとに彫刻を始めたのである。実のところ、ケンは手先が器用なほうではなかった。が〝オーディンの秘儀〟を体験した後は、自分でも不思議なほどすべてが変わっていた。ものの見方が百八十度変化したのは当然といえるが、性格も変わったし、好みさえ変わってきたように思えた。彫刻も思いのほかうまくいった。ケンが選んだ木の枝は、本来の姿を取り戻すように形を整え、呪師の杖と瓜二つといえるほどの出来映えとなった。リュウの杖も出来上がったところで、呪師がそれをていねいに聖別してくれた。南アフリカのある山地で採れる岩塩[*一]の粉を振りかけると、焚き火に枝をかざして呪文を唱える。ケンとリュウ、それにアンディでさえも、この呪文の意味はわからなかった。

＊一　塩（Salt）　古代から塩は非常に霊的効果を持つ物質として考えられていた。とりわけ岩塩は聖なる役割を持つとされ「浄化」「不滅」「英知」という象徴的意味を持っている。聖書では、神と人間のきずなを「塩の契約」という言葉で表現され、また「地の塩となれ」とキリスト自身が説いているほどだ。こうした事情は日本でも同様で、聖地を清めるために塩を撒いたり、冠婚葬祭などで塩を使用する習慣が現在も続いている。（ただし、日本では海から採取した塩を使用する）

シーン 9 妖精たちとの協定

巨人族／侏儒族

聖別を済ませた呪師が、杖を頭上に振りかざして叫んだ。

「天上なる妖精たちよ、わが前に来たれ。悠久なる歴史の流れを逆上り、わが前にその雄姿を出現させたまえ！」

突然、空中が切り裂かれるような轟音がした。そして、背丈が四メートルもあろうという巨人が出現した。ひとり、ふたり、さんにん……五人もいる。みな、それぞれに剣と楯

巨人族（Giants）

世界各地の神話には必ずといっていいくらい巨人族が登場する。巨人は腕力に優れ、恐ろ

しい存在ではあるが、同時に知恵と魔術の所有者とされる。聖書によれば、楽園を追放される前の人類はすべて巨人だったとされる。また、インドでは〝地上で最初の種族は親の姿のように巨大で、清浄で、賢く、千年の寿命を持っていた〞という伝承が残されている。北欧神話には、トールが昔の魔術の秘密を知ろうと、先祖である巨人国を訪れたことが記されている。

ギリシャでは母なる大地と父なる天の子孫である巨人をタイタン族と呼び、野蛮な魔術儀式の創始者としている。アイルランド神話にも巨人は出現する。アイルランドを平定した神々の四番目の種族が住むタラの丘の地底には、いまも巨人族が生きているという。それはダナ女神の種族でトゥアーザ・デ・ダナーンと呼ばれ、石の宮殿を建てた種族とされる。

を持ち、青白く光る鋼鉄のような鎧を着込み、ピカピカに磨いたヘルメットを被っている。

「我等ヲ呼ブノハ誰ダ。ソウカ、こりん呪師ジャナイカ。久シブリダナ、何カ用事ガアルノカイ?」

巨人は腹の底まで振動させるような低音の持ち主だ。暴れ出したら手に負えないだろうが、あまり上等な脳味噌は持ち合わせていないようだ。ケンはとっさに判断した。呪師が巨人に答えた。

「天上なる巨人族の首領よ、わが願いを聞け。これなる若者たちに汝らの力を貸したまえ」

巨人の首領がケンたちをじろりと見た。

「オ前ラハ、呪師ノ弟子カ。イイダロウ、ナニカアレバ我等、一族ハ、オ前ラノ力ニナッテヤル。報酬ハ雲母ヲ一とんヨコセ」

「承知した。わし同様、宜しく頼むぞ」

奇妙な取引がまとまった。事態が飲み込めないでいるふたりにアンディが説明してくれた。

「あいつらは天上に住む妖精なんだ。連中は精霊と人間の混血児とされている。神話時代からの生き残りさ。身体が透けて見えるだろう。ギリシャの哲人[*二]は彼らの身体が〝半分は生身の肉体、そして半分はエーテルで作られている〟と判断した。ぼくが思うには、彼らの肉体の分子構造は人間とはまったく異なっているんだ。分子一個ずつが人間の倍ある。だから透けてるんだよ。それから、彼らが要求する雲母は、連中の食料らしい。素直な性格だから、きみたちの役に立つと思うよ」

次に呪師は杖を地面に向けて叫んだ。

「地下を住処とする妖精たちよ、わが前に来たれ。永年の眠りから覚め、わが前に希有なる姿を見せたまえ」

杖の示したあたりの地面が爆発したように見えた。土くれの中から姿を現したのは、身長一メートルにも満たない侏儒だ。十人以上いる。彼らの武器は腰に下げた小型の斧である。精巧な工芸品に見え、ずだ袋のような見すぼらしい服装には不釣り合いな印象がある。

「これはこれはコリン呪師さま。何世紀ぶりかの再会ですな。ところで、今度の御用はなんですかな。なんなりとご用命下され」

身体に似合った甲高い声だった。巨人と対照的に、ひどく抜け目なさそうな顔つきである。

「地下なる侏儒族の首領よ、わが願いを聞け。これなる若者たちに汝らの力を貸したまえ」

呪師の声に侏儒族の首領がすかさず答えた。

「よろしいですともコリン呪師さま。ところで報酬は例のごとく、ひとりあたり純金一キロでよろしいですな」

「だまらっしゃい。おまえたちの報酬はひとりあたり純金五百グラムというのが太古からのきまりではなかったかな」

「これは呪師さま、物覚えのよいことで。ようがしょ、五百グラムで手を打ちましょう。ただし混じりけなしの純粋な金で願いますよ」

「承知した」

呪師と侏儒族との協定ができた。また、アンディが説明してくれた。

「今度のチビたちは地中に住む侏儒族だ。連中も妖精とされている。でも、ぼくの考えでは、身体は人間に似ているけれど、ルーツがまったく違う。連中はモグラの恐ろしく進化した奴だ。ひどく狡猾に思えるけれど、一度決めた約束は必ず守る。それに、ああ見えてもけっこう能力があるんだ」

呪師がケンとリュウに向かっていった。

「よろしいな。これが汝らへの餞《はなむけ》じゃ。必要に応じ、存分に使わっしゃい」

侏儒族 (Dwarf)

小人族伝説もまた世界各地に存在する。彼らもまた先住民族とされ、たいていは森の中や沼地、地下の洞窟などに住み、ほんの一瞬しか普通の人々の前に姿を現さないという。これは、彼らがかつて背の高い侵略者によって征服された人種であり、いまもなお普通の人々に憎悪を抱き、また危険視していると理由づけられる。小人族のあるものは征服者と雑婚し、魔女や妖精といった種族を作ったとされることもある。

イギリスや北欧ではとりわけ小人伝説が多く、たいていは魔術的な能力の持ち主だ。なかでも北欧を起源とするドワーフは巨人イミルの腐敗した身体から生まれ、黒い皮膚、大きな頭、短足という奇怪な姿だ。しかし鍛冶師としての能力は素晴らしく、多くの英雄たちのために剣や槍など魔力のこもった武器を作った。彼らの行動は夜間に限られ、日中外へ出ると罰として石に姿を変えられたという。地下に住むことはすなわち鉱物資源について熟知し、鍛冶という特殊な仕事に従事しても不思議はないとされた。

神話には、巨人族や侏儒族の能力を借りるために相当の謝礼を用意した上で、召喚する方法が各種、紹介されている。

コリン呪師とケンたちが話している最中、侏儒族と巨人族がいさかいをはじめた。ことの起こりは侏儒族のひとりが巨人族に悪口をいったのだ。

「でくのぼうめ、きさまらのおかげで妖精のすべてが化け物扱いされてしまうんだ。もっと、その脳味噌を使ったらどうなんだ」

巨人族もだまってはいない。

「何ヲイウ、もぐらノ親戚ガ。地下世界ニ生キル貴様タチト我々デハ、気品トイウモノガ違ウンジャイ。住処ニ帰ッテ、みみずデモ食ットレ！」

巨人族のひとりが侏儒の頭をつついたのをきっかけに、両者の態度は険悪なものとなった。コリン呪師がケンたちにいった。

「これは珍しい見物じゃわい。よいか、両者の戦いぶりをしっかと見ておきなされ」

最初に戦闘態勢をとったのは侏儒族だった。彼らは巨人族に対して、V字形の戦陣を組んだ。恐ろしく機敏で、統制のとれた軍団である。対する巨人族も、その図体に似合わず無駄のない動きを見せた。彼らは首領を中心に置き、円形の戦陣を組む。そして楯で外周を防御する布陣だ。鈍く光る楯が隙間なく張りめぐらされた様子は、超近代的な巨大兵器か、UFOのような印象を与える。素早い侏儒族の攻撃を予測できるよう、ひときわ背の高い首領のヘルメットが潜望鏡のように敵を注視している。

V字形に組んだ侏儒族が腕を組んだ。そして、十数人の侏儒たちの身体が一本の弓のように絞られたかと思うと、矢のように最奥部の侏儒族の首領が空中に発射された。彼は飛翔しながら巨人族の防御陣に向かい、手斧をたたき込んだ。手斧は楯に命中した。衝撃を受けて円陣が崩れかかる。その隙に、次々と侏儒族が空中攻撃を仕掛ける。巨人族の円陣は後退しながら姿勢を建て直し、円陣全体が回転しはじめる。楯の隙間から剣先を突き出しているせいか、ブーンという回転音が耳をつんざく。この攻撃に侏儒族の勢いが削がれた。分散しながら後退する侏儒族に向かい、巨人族の円陣はさらに回転をあげて攻勢にかかった。

見物していたアンディが興奮の声をあげた。

「素晴らしい。彼らの戦闘を見たのは二度目だけど、まったく理に適った戦陣だ。ケン、知っているかい。たいていの鳥は群れで飛ぶだろう。あれには航空力学的に見ても意味があるのさ。翼の先端部に揚力が起こり、それをうまく利用しているんだ。鳥の数が増すほど、その効果は大きい。鳥がV字形の編隊を組んだ場合、鳥たちは単独飛行に比べて最大七十一パーセントも飛行距離を伸ばすことができるんだ。侏儒族の最初の布陣も、同じ論理だ。攻撃力を数倍にもパワーアップさせている。彼らは自然観察のプロといえるね。……巨人族の円陣も理に適っている。円は弱点を最小限にする形なんだ。彼らはでくのぼうなんかじゃない。ひどく戦闘慣れした集団だよ」

コリン呪師の一行は、しばらく両陣営の戦闘を見物していた。

「見ての通り、この妖精たちの不仲は宿命的なものじゃ。彼らはまるでゲームのように戦闘を楽しんどる。だがな、両者の戦闘では死者は出さないしきたりなんじゃ。人間ほど馬鹿ではないんでな。どちらかの名誉が傷つけば戦闘は終結する。汝らも彼らに学ぶものが多かろうて……」

呪師の言葉にケンはうなずいた。確かにそうだ。まるで子どもじみた出来事がきっかけで起こった戦闘を、愚かな行為とは断言できなかった。人間のやっていることだって変わりはない。むしろ、人間の方がよほど残酷じゃないか。歴史を見ても、虐殺の記録なんていくらでも見つけられる。それに、組織というものがこれほど洗練された動きを見せてくれると思わなかった。目の前で繰り広げられるスペクタクルには、秩序と統制、躍動という美しさがある。ケンはそんなことを思いながら奇妙な戦闘を見つづけていた。

神話の住人たち

不意に呪師が不思議な動作をした。天空の一角をにらみ低いうめき声を漏らしたのである。アンディがすかさず質問した。

「どうなされました、呪師さま。なにか起こりましたか」

「ひどく陰惨な霊気を感じるんじゃ。注意を怠るでないぞ」

ケンとリュウもまた、神経を研ぎ澄まして天空をにらんだ。いつの間にか巨人族と侏儒族の戦闘は中断されていた。両者とも、こちらの異常な雰囲気を察知したのだろう。呪師の背後に静かに控えている。天空に一条の雲が流れた。糸を引くような雲はどす黒い渦となり、天空のあちこちに漂った。

空中にあった一番大きな渦が、形を整え始めた。それは、身長が百メートルにも及ぶ巨大な姿を見せはじめる。まるで竜巻のようだ。人間の男に似たその姿は、よく見ると数万匹の蛇で形成されている。頭も胴体も、指の一本一本に及ぶまで、すべてが蛇でできているのである。思わず巨人族が呪師の周囲に防御陣をつくった。侏儒族も緊張して攻撃態勢をとる。

呪師がつぶやいた。

「なんと、あれはテューポーンではないか。初めて見るが、さすがに邪悪な霊を孕んでおる」

テューポーンと呼ばれる生き物の足が大地に届くと、水を得た魚のように動作が活発になった。口を大きく開いて熱風を吹き出すと、あたりに強烈な臭気がたちこめる。

「奴は爬虫類の邪悪な面だけを凝結して作られた悪霊だ。爪先が大地についた途端に勢いを得ただろう。地電流をエネルギー源としているんだ」

アンディが説明してくれた。テューポーンの周囲にあった小さな渦もまた、形を整えだした。細長い渦は翼の生えた蛇のような形になった。胴体の両側に頭があり、猛禽類のような一対の爪のある足を持っている。そして、カッと開いた口からは槍のような舌がこちらをうかがっているのだ。やや丸みを帯びた渦は鰐のような形になった。顔つきは威嚇するネコ科の動物に近く、背中のたてがみが逆立っている。そんな不気味な生き物たちが、空いっぱいに広がっている。


「呪師さま、あの生き物はアンヒスバイナとオロボンじゃありませんか？」

アンディの質問に呪師がうなずいた。アンディはケンたちに語った。

「アンヒスバイナは別名を両方向歩行獣といわれる。槍のような舌が武器だ。奴らはあそこに猛毒を持っていて、一撃されたら生命あるものは必ず死ぬ。とても獰猛な性格の持ち主なんだ。……それから、もう一種類はオロボン。昔は東方世界にしか棲息していないと思われていた。ところが十六世紀には世界中に広がっていたんだ。やたらに繁殖力が旺盛らしい。奴の武器は鋭い爪にある。動作が鈍いようだが、意外に素早い行動をとる。だから妖精たちも、うかつな攻撃ができないんだよ」

再びテューポーンの口から熱風が吐き出された。巨人族はこれも辛うじて防御した。呪師はヘルメスの杖を構え、テューポーンの眉間に狙いをつけてから口許を丸め、笛のよう

■テューポーン（Typhon）

ギリシャ神話に登場するテューポーンは半身が巨人、半身が蛇という魔獣で、山のように巨大だった。一説によれば彼は大地の女神ガイアから生まれたとされる。巨人族タイタンがオリンポスの神々に滅ぼされたのを知ると、テューポーンは敵討ちを開始し、多くの神々はエジプトに逃げた。ゼウスも彼によって洞窟に閉じ込められたが、ヘルメスらの協力で再び闘い、エトナ山を投げて押しつぶすことに成功した。

■アンヒスバイナ（Amphisbaena）

〝両方向歩行者〟という意味を持つアンヒスバイナは、身体の両側に頭を持っている。この魔獣は中世に至るまでドラゴンなどとともに恐怖と脅威の象徴だった。したがって紋章にも使用されたが、その姿はコウモリの翼とグリュプスの爪を持つ蛇として描かれている。

■**オロボン**（Orobon）
身体が鰐と同じような鱗でおおわれ、山猫の頭部を持つ不思議な魚類オロボンは、おもに紅海に住んでいたとされている。付近のアラブ人たちはこの魔獣を常食にしていたというが、体長が三メートルもあり、体重も優に二百キロは超えるであろうオロボンを捕らえるのは容易ではなかっただろうと推定される。

な声を発した。

「ピー、ピピ、ピュー！」

ケンの耳にはそう聞こえた。呪師の攻撃を受けたテューポーンは最初、怪訝そうな表情を見せた。しかし、その巨体が震えだし、絡み合った蛇たちがポタポタと落下しはじめた。数秒のち、すごい轟音とともにテューポーンはばらばらの蛇に分解していったのだ。その周囲では巨人族と侏儒族がアンヒスバイナやオロボンと激しく闘っている。しかし、テューポーンを倒されたことで蛇族たちは劣勢に陥り、次第に拡散していった。

「ふう、敵側はかなりの悪霊を味方につけたようじゃな。久々に強敵に出会ったわい」

ため息をつく呪師の目の前に、一匹の動物が躍り出た。すかさずリュウは長剣を構え、

■マンティコール (Manticole)
身体がライオンで尾はサソリ、しかも顔は血の色をした人間の顔を持つというマンティコールは、恐るべき駿足の持ち主だったという。彼は敵と出会うと、サソリのような尾から毒矢を何本も放ち、敵を殺した。毒矢は信じがたいほどの距離を飛ぶとされる。

ケンもまたアグラの小剣を握りしめた。

「よいよい、緊張を解かれい。こ奴はわしの伝令じゃ。さあ、マンティコールよ、なにがあったのじゃな?」

マンティコールと呼ばれた動物も奇妙な容姿の持ち主である。ライオンにそっくりだが、その顔は人間なのである。彼がケンたちには理解できない言葉で呪師と会話している間に、アンディが教えてくれた。

「マンティコールの生息地はアイルランドだと思ったけどね。呪師の行動も幅広いものだ。あいつが人前に出現したのは十三世紀だったと記録に残されているよ。『顔は人間で血の色をしており、身体は獅子、尾は蠍、驚異の速度で走るので、いかなる生き物もその攻撃を免れない。とりわけやつの好物は人間の肉なのだ』。そう読んだことがあるよ。呪師はいつの間に飼い馴らしたんだろう」

呪師がマンティコールの伝令を聞き終わって、ケンとリュウに告げた。

「汝ら、ただちに出発されい。ギリシャにある味方の陣が攻撃にさらされておる。汝ら、ゆきゆきて地の塩となれ」

呪師のヘルメスの杖がふたりを指し示した。その途端、ふたりの姿は地上から掻き消されてしまった。

＊一　**エーテル（Ather）**　ギリシャ自然学の概念で、天界に充満しているとされる物質。地上の物質はすべて土、水、空気、火の四大《しだい》が構成要素となっているとされた。

第四章

ギリシャの哲人は魔術の知恵の所有者たちだ。神託は都市国家の運命を担い、占術師たちは政治の中枢で活躍した歴史を持つ。

超心理学、ＥＳＰ、デルフォイの神託、ピュティア、ミトラス教、グリモワール、ラルヴァ、宝石の護符、ケルベロス、キマイラ、セイレーン、アスモデウス……。

シーン 10

瓦礫の中で

ESP

ケンとリュウの前に、岩だらけのごつごつした地面と見渡すかぎりの瓦礫の山があった。背筋が寒くなるような、殺伐とした風景である。樹木はすべて焼けただれ、生き物の気配はまったく感じられない。闇の軍隊が本格的に戦闘行為に出ると、人間はおろか草木の一本にいたるまで徹底的な壊滅作戦に出ると聞いていたが、これほどまで破壊しつくすとはケンには信じられなかった。荒涼とした大地には、人間をはじめとする生物の死骸などはいっさい見当たらない。しかし、通常の人間の数倍にも研ぎ澄まされたケンたちの心には、無数の声にならない悲鳴が聞こえ、臭いのない死臭が漂っていた。抹殺された人間たちはどこへいってしまったのだろうか。そう思うとケンの胸が痛んだ。リュウがケンに合図をした。

「あっちで声が聞こえる。いってみよう」

耳を澄ませてみたが、ケンには風の音のほかはなにも聞こえてこない。しかし、リュウとともに歩きはじめると微かな声が聞こえてきた。ひどくか細い声である。まるで捨てられた子猫の鳴き声のようだ。ふたりは声のするあたりの瓦礫の山から、煉瓦や石のかけらをひとつずつ取り除いていった。しばらくすると声の主の姿が現れた。ケンたちと同年代の少女だった。彼女の意識はほとんどなく、白い肌は泥にまみれている。ケンが感じたように、子猫のような印象の少女だった。

少女が目を覚ました。自分の置かれている状況を見極めると、軽く目を閉じた。すると、彼女を覆っていた石ころや煉瓦がふわりと浮かび、少女の身体に反発する磁石のように周囲に飛び散っていった。ふたりは呆然とした。リュウが声をかけようとすると、少女はそれを制した。

〝だめ、いま話をしたら悪魔たちに感づかれてしまう。あなたたちが思ったことはぜんぶ、理解できるからだいじょうぶよ。心で会話しましょう〟

突然、言葉が頭の中で聞こえた。少女は超心理学の対象とされるＥＳＰ能力者だった。それも、ふたりが出会ったなかでも最高の能力を持っているように思えた。彼女の名前はナナ、ピュティアと呼ばれるギリシャの霊媒師の家系の娘である。闇の軍隊の攻撃は昨夜からはじまり、つい二、三時間前に引き上げていったそうだ。彼らの攻撃は熾烈極まるもので、ギリシャ全土の有能な魔術師や魔術研究家はことごとく殺害されてしまったという。ナナは自分の気配を消したおかげでかろうじて生き残り、そのほかにも何人かの魔術師が難を逃れたそうだ。

〝とにかく、わたしのお婆さまのところへいきましょう。彼女はギリシャでも最高のピュティア(女性霊媒師)なの。きっと、今後どうしたら良いのか教えてくれるわ〟

ケンとリュウはナナに連れられてパルナッソス山に向かった。感じること、考えることがすべて相手に理解されてしまうということは、不便でもある。ナナの長い黒髪やライト・ブルーの瞳、猫のような身のこなしが、ケンにはすごく魅力的に思えた。そう思ったとたん、彼女の声が頭の中で響いた。

〝だめよ。そんなことを考えては。わたしたちの仲間がたくさん殺されてしまったのよ。このままでは世界中で優れた人々が殺されるわ。いまは敵の攻撃をくい止めることだけ考えて!〟

思わずケンの顔が赤くなった。リュウは黙々と歩き続けている。いまの声は彼に聞こえなかったようで、少しほっとした。

■**ピュティア**(Pythia)

デルフォイの神託所を拠点として活躍した巫女のこと。政治的方針や戦争の可否などポリス(都市国家)の動向を決める際などに、アポロンが憑依して、彼女たちの口から神託を述べた。政治について大きな影響力を持っていたとされる。また、結婚や病気など、個人的な悩み事にも神の意思を伝えたという。霊媒としての能力があればピュティアになることができた。ただし、女性のみに限られていた。

超心理学 (Parapsychology)

超心理学（パラサイコロジィ）とは超常現象を科学的に解明することを目的とした学問である。具体的には今までの心理学では説明のつかないテレパシーとか透視、予知などに科学のメスを入れようというもので、アメリカの心理学者ライン（Joseph Banks Rhine 一八九五～一九八〇）が中心になって一九三四年に研究が始められた。現在はロシア、アメリカ、ヨーロッパ、インドなどで超能力者を対象とした実験を繰り返すなど、着実に成果をあげている。日本にも日本超心理学会、国際宗教超心理学会という組織がある。

超心理学では、超常現象をＥＳＰ（テレパシーなど）、ＰＫ（＝サイコキネシス テレポーテーションなど）という、ふたつの大きなジャンルに分けて研究対象としている。

- 超心理学（Parapsychology）
  - ＥＳＰ
    - テレパシー（Telepathy＝遠隔感応）
    - 透視（Clairvoyance）
    - 予知（Foreknowledge）
  - ＰＫ
    - テレキネシス（Telekinesis）
    - テレポーテーション（Teleportation）

ESP（Extra-Sensory Perception）

ESPとは直訳すれば〝超感覚的知覚〟と呼ばれるもので、テレパシーや透視、予知などの総称である。しかし、実際にESP的感知が起こった場合、人間のどの能力が作動したのかという明確な区別はできにくい。例えば〝誰かが死ぬ〟と感知した場合、それが夢に出現したにせよテレパシーが働いたのか、透視できたのか、あるいは予知能力が作動したのかの区別はできない。むしろこれらの能力が複合的に作動したと理解するほうが正解だろう。超心理学では当初これらを分類して調査したので、実験室では明確な結果は得られなかった。しかし、総合的にESPとしてトータルな調査をした結果、現在では次のような推測がなされている。つまり、ESP能力はたいていの人間が持つ能力であるが、個人差があり、生まれつきこの能力に目覚めている者は霊媒や予言者などと呼ばれる。また、訓練次第で眠れるこの能力を開発することは可能であるとしている。

■テレパシー（Telepathy＝遠隔感応）

言葉や身振り手振りなどの感覚的手段を用いずに意志や感覚を相手に伝えること。一般に情報の受け手の側がそれに気づくことが多い。たいていの人間には多少ともテレパシー能力が備わっているとされる。ただし、それは送り手の側が特殊な状況、つまりは生命の危険が迫ったとか、強力な感情の爆発によって作動するらしいことがわかっている。もちろん、この能力に優れた者は平常時にもテレパシーを送ることができる。

■透視（Clairvoyance）

通常の感覚ではとらえられないものを感知する能力。とりわけ遠く離れた場所での出来事を目前で見たかのように感知したり、封をされて見えないはずの手紙の内容が読める能力である。日本でも〝千里眼〟という言葉で知られている。ダウジングも、こうした能力の一種とされている。

予知(Foreknowledge)

通常では知ることができない未来の出来事を感知する能力。誰かが死ぬ運命にあることを感知したり、大事故をあらかじめ知ったりできる能力のことだ。これには〝夢〟が関与しているケースが少なくない。

サイコキネシス(PK=Psychokinesis)

サイコキネシスというのは念動作用(念力)のことで、物理的手段によらず、他の物質や生物に物理的影響を及ぼす力である。

具体的にはユリ・ゲラーでおなじみになったスプーン曲げが代表的だ。ESPと異なるのは、必ず物体に影響を及ぼすという点である。このPKについて面白い実験データがある。多数の人間によって、さいころを振りその出目を当てる実験をしたところ、確率をはるかに超える得点を得ることができた。しかし、実験が二度目になると得点は減り、三度目にはさらに減ったのである。つまり、集中力や意志の強さがPKに大いに影響を及ぼすということだ。また子供にこの能力を持つ者が多く、年をとるにしたがって能力が減少していく例も少なくない。PKはテレキネシスとテレポーテーションの二つに分類される。

■テレキネシス（Telekinesis）

物理的力によらずに周囲の物体に影響をあたえること。本人が意識するしないに関係なく起こる事柄である。家具や食器が勝手に飛び回るというポルターガイスト（騒霊現象）もテレキネシスの一種である。この場合は子供や思春期の青年が張本人であることが多い。

■テレポーテーション（Teleportation）

物体をどこからともなく出現させたり、移動させる現象のこと。優れたテレポーテーション能力のある者は、自分自身を瞬時に移動させることも可能だといわれる。

■ゼナー・カード

ライン博士がＥＳＰ研究のために考案したカード。五種類の記号のついたカードを五枚ずつ、二十五枚用意してワンセットとする。実験者は被験者が見えない位置でこのカードを選び、被験者に当てさせる。実験は静かで穏やかな環境のなかでおこなうほうが良い結果が得られるという。

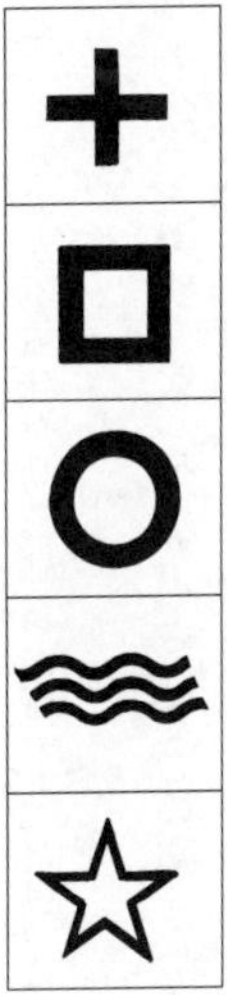

古代ギリシャの神託

パルナッソス山の中腹にある、デルフォイ[*一]の神託所に到着した。奇妙な雰囲気だ。数本の円柱があることで、ここが霊力のある場所だということは理解できるが、周囲の丸っこい石が風の音を反響しているのが不気味だ。しばらく待つと、自然にできた洞窟から老婆が現れた。

「ナナ、待たせたね。ちょっとお祈りをしていたのさ。そこのおふたりさん、もう声を出しても大丈夫。ここの話し声は外部には届かないからね。さあさあ、中へお入り」

洞窟の内部は意外なほど広い地下室だった。大理石の台座と三本脚の椅子があるだけで、がらんとしている。洞窟はさらに地下へと続いているが、硫黄臭い蒸気が立ちのぼり、とても先に進めそうもない。

ナナが祖母にケンとリュウを紹介し、彼らのいままでの行動を詳しく説明した。もちろんケンたちはナナになにも説明していないが、彼女は自分の能力でふたりの心の中をすべて読み取っていた。

老婆がうなずいた。

「〝ふたりの若き戦士あり。東から来たりて大地を救いし者なり……。〟わたしはな、五十年も前にこの神託を受けていたのだよ。だから、おまえたちがとても初対面とは思わ

れないのさ。さあ、この戦いの予言が欲しいのだろう。さっそく神託を受けてつかわそう」

老婆は部屋の隅から山羊を連れ出し、大理石の台座の上であっという間に、喉を掻き切った。鮮血が台座に流れ、山羊が弱々しい鳴き声をあげた。老婆は血塗られた台座に月桂樹の枝を供え、三本脚の椅子に座ると、両手を広げて瞑想に入っていった。

ケンがナナに小声で話しかけた。

「ねえ、なぜ予言を受けなくちゃいけないの?」

「ばかね、敵が今後どういう攻撃をするかとか、こちらの作戦の立て方とか、神さまに教えてもらわなくちゃいけないでしょう。それに〝闇の軍隊〟といっても、その正体もはっきりわからないのよ……。それに、ギリシャ人は予言や占いが好きなの。古代から受け継がれてきた予言術はざっと数えても二十くらい種類があるのよ。水占い、水晶占い、指輪占い、斧占い……」

リュウが質問した。

「きみのお婆さんはなんという神さまのお告げを受けるの?」

「こうした重大事にはギリシャの最高神のひとり、アポロンさまにきまっているわ」

やがて、老婆の身体が左右に揺れだした。揺れはさらに激しくなり、それが極度に達したかと思うと突然、椅子から転げ落ちて気を失ってしまった。あわててナナが介抱する。

「だいじょうぶ、お婆さま」

老婆は目を覚ました。

「もちろんだとも。でも、こんなに強いお告げは初めてのことじゃ。アポロンさまはわたしの目の前でひと言、ひと言、はっきりとお告げになったよ。いいかな、敵の首領は古きペルシャの大魔神アーリマンだ。彼が性悪な魔術師どもと手を組んで始めた戦いだ。知らんようだから教えよう。彼はペルシャの最高神アフラ・マツダの双子の兄弟でな、原始の創造女神〝無限の時〟から生まれた〝闇の王子〟さ。魔術能力は兄のアフラ・マツダより優れていたとされている。ところが兄が最高神になると、それを妬んで戦いを仕掛けた。まあ、宇宙も割れんばかりのすさまじい戦いだったそうじゃよ。結局、アーリマンは負けて天界から地獄に突き落とされてしまったがね。ともあれ、恐ろしく手ごわい奴なことは間違いないのさ」

ケンがおびえたような弱々しい声を出した。

「そんな恐ろしい奴を相手に、僕らは勝てるのでしょうか」

「無理じゃな」

リュウが大声を出した。

「それじゃあ、僕らは殺されてしまうの?」

老婆は皮肉な笑みを浮かべて答えた。

ギリシャの魔術と神託

ギリシャ人にとって魔術は日常的なものだった。彼らは魔術に深い理解を示し、自然を理解する最良の方法としてとらえていた。彼らの魔術的知識はオリエント伝来のものが多く、とりわけペルシャ人から受け継いだものが影響力を持った。ギリシャの有名な哲学者であるプラトン、ソクラテス、ピュタゴラスたちはたいてい魔術の研究にたずさわり、人々からも魔術師として尊敬されていたのである。とりわけピュタゴラス派の人々は魔術について論理的な視野を持ち、実際に披露してみせた。ソクラテスの場合は親しい精霊がいて、それが未来を知らせてくれたという。その精霊は他人にも見ることができたという。魔術はもっぱら死者の礼拝や呼び出しに用いられ、さらには死んだ英雄を慰める儀式もおこなわれた。夜間に墓の西側に溝が掘られ、新鮮な生贄の血が注がれた。すると英雄は復活し、生きている者たちに活力をあたえてくれると信じられたのだ。

神託（Oracle）とは文字通り〝神のお告げ〟という意味だが、これは神格が憑依した巫女の口から直接に言葉として聞いたり、偶然と思える事象を〝神の啓示〟という形で受け取ったりすること。占術も重要な神託の手段である。古代ギリシャでは政治から個人生活にいたるまで、重要な課題はすべて神託によって決定された。信頼性のある神託は国家の管理下に置かれ、勝手に国家に関する神託をした者は罪に問われた。当然ながら予言者は高い地位を与えられた。ギリシャの政治家、哲学者として有名なキケロ（M.T.Cicero 紀元前一〇六～紀元前四三）もアルグールス（鳥占い官）の職にあった。

ちなみに鳥占いとは、空中を飛行する鳥の動作や飛び方を分析して、神の意志を知る術だ。

神託を得るためにさまざまな種類の占術があった。そのなかから興味深いものを紹介する。

鶏占い	地面にアルファベットを描きそれぞれに小麦をまいて、呪文をかけたオンドリを放つ。オンドリのついばんだ順に文字を読んで答えを得る。
頭占い	首を切ったロバの頭部を火であぶる。容疑者の名前を何人か読み上げると、真犯人の名前のところでロバの顎が動くという。
斧占い	容疑者が有罪かどうかを決めるため、杭に斧を立てて倒れた方向の人間を有罪とする。
鉄占い	熱した鉄板の上に麦わらを数本置いて、その燃え方や形で答えを得る。
鉛占い	鉛を熱で溶かし、その溶け方と形で神託を得る。（蝋を使う方法もある）
指輪占い	霊力のある指輪に呪文をかけて祈り、神託を得る方法。
水占い	湖の水面や容器の水などを使用し、ヴィジョンを得る方法。
死者占い	降霊術によって死者を呼び出し、問題の答えを引き出す。
水晶占い	水晶に映るヴィジョンを得る方法。
草占い	サルビアの葉に名前や答えを何通りか書いて、風を待つ。残った葉を正しい答えとする。

■アーリマン（Ahriman）

ゾロアスター教の教えによれば、アーリマンは〝悪と暗黒の邪神〟。〝光の神〟アフラ・マツダの双子の弟でありながら、強力な敵対関係を持ち、両者は絶え間なく戦い続けているとされる。

■アフラ・マツダ（Afura Mazda）

ゾロアスター教（拝火教）は紀元前二〇〇〇年頃から七世紀前半までイランの国教的地位を占めていた。創始者とされるゾロアスター（Zoroaster）自身の教義では、アフラ・マツダは最高神、創造神であった。別名をマツダ教といわれたほどだ。しかし、ササン朝ペルシャ（二二六〜六五一）の時代になると二元論的教義へと変貌し、弟アーリマンと常に敵対する〝善と光の神〟とされた。

「このままではな……。心配しなさるな、だからアポロンさまが勝つ方法を教えてくださった。おまえたち、ちっとは魔術修行を積んだようだが、このままではアーリマンには勝てない。敵を知るには敵と同じ土俵に立たなくてはいかんのだよ。この地には古代ペルシャの秘儀を伝承する、ミトラス教というものがある。ミトラの信徒になって〝神官〟の資格を得ることが必要だ。それから、幸いなことにこのギリシャにはグリモワールがたくさん残されている。グリモワールというのは古い時代の魔術書のことだよ。それをよく読んで研究するのだ」

ナナが口をはさんだ。

「お婆さま、それで、ふたりの未来はどうなるの。勝てるの、それとも負けてしまうの？」

「若いものは性急でいけない。いいかな、これからの試練は並大抵じゃない。ひどく辛いし、生命を落とす可能性も十分にある。しかし、おまえたちにはほかに道がないのだよ。まっすぐ進むしかな。……だから、あえて結果はいわないでおくよ。若者にとって、未来を知ることは良い結果を生まないんだ。とにかく、精進しなされ」

＊一　デルフォイ（Delphoi）　ギリシャ中部のパルナッソス山の南麓にあるアポロンの聖地。もともとは大地の女神ガイアの聖地で大蛇に守られていたが、アポロンがこれを打ち倒し、みずからの神託所を開いたとされる。

シーン 11

ミトラの試練

神官への儀式

ケンとリュウ、それにナナの三人はミトラ神殿へと向かった。道々、ナナがミトラ信仰について教えてくれた。

「ミトラ信仰というのは、古代ローマではキリスト教よりもずっと盛んだった宗教なの。ミトラはペルシャ生まれの救世主で、ローマ皇帝の何人かは公式にミトラを〝皇帝の保護者〟と認めたのよ。だからキリスト教徒は徹底してミトラ信仰を自分たちの教義に採り入れた。キリストの生まれた十二月二十五日だって〝征服されざる太陽の誕生日〟として、ミトラを祝った日だったのよ。キリストの誕生秘話も、十二使徒も、最後の晩餐も、実はみんなミトラ自身のエピソードだったの。ひとつだけ違うのは、キリスト教徒は魔術師を徹底的に弾圧したけれど、ミトラ信者は手厚く保護した点ね」

砂漠地帯に入ると、巨大なライオン像があった。ナナがふたりに話した。

「さあ、ここがミトラの神官になるための入口よ。頑張ってね。わたしはここで待っているから」

ミトラス教とその儀式

ミトラス教（Mithraism）のルーツは紀元前十五世紀頃から古代アーリア人の間で信仰されていたミトラ神に由来する。当初は契約と友愛の神とされたが、次第に太陽神、戦闘神としての性格を強め、ローマ軍団の信仰を得てローマ帝国全土に広がった宗教。ローマ帝国では一世紀後半から四世紀にかけて流行し、ブリタニア、北アフリカ、スペイン、ライン河流域にまで広がった。その間、大都市には神殿が作られたが、たいていが地下にあり、内部も祭祀がおこなわれる時以外は照明もなく暗いものだった。もともとは自然の洞窟などを神殿とした伝統を踏まえたのだろう。

ミトラス教は、英雄神ミトラスを信仰する密儀宗教で、現世の苦難から救済されることを目的とし、信者は七つの階級に分けられた。上位から「父」「太陽の使者」「ペルシャ人」「獅子」「兵士」「花嫁」「大鴉」である。神殿に集まった信徒のうち、上位の階級の者は神官を兼ね、入信式や位階昇級式、戦勝祈願などの儀式を主催した。

しかし、キリスト教の普及とともに、その神話や伝説はキリスト自身のものに置き換えられ、衰退していった。

ケンが答えた。

「えっ、一緒にいってくれないの？」

「駄目なの。ここから先は女人禁制。女は入ってはいけないしきたりですから。でも心配しないで、ここでもあなたたちの心は見えるから、アドバイスできると思うわ」

ライオン像はミトラ神殿の入口だった。ふたりは黒衣の番兵からいくつかのチェックを受けて、入室を許された。長いトンネルのような廊下を過ぎると広間があり、白服の男が応対してくれた。

「ミトラの神殿へようお越しになった。我らが主、ミトラさまはいまから三千五百年前にこの地に降臨し、人々に知恵と恵みを下されたもうた。地上のあらゆる生命あるものはみな、ミトラさまの恩恵を受けることが許されておる。わしは最高位の神官としておまえたちに〝太陽の使者〟の位階を授けようと思う。ただし、これからおこなう試練に打ち勝った者にのみ、栄光の位階は与えられる。よいかな、では只今より入会の儀式をとりおこなう」

ケンとリュウは沐浴ののち白衣に着替えさせられ、魔術武器など身のまわりの物はいっさい持つことを許されなかった。そしてドアが開かれ、真っ暗な部屋に通された。

一条の光も射さない部屋というのは、人の心を妙に高ぶらせるものだ。ケンとリュウは試練の内容を想像していたが、まさか、何もない部屋にいるだけとは思いもよらなかった。口を開くことが許されないので、リュウの気持ちを聞くことはできないが、おそらく彼も拍子抜けだろうとケンは思った。音ひとつない部屋にふたりの呼吸だけが聞こえる。

……しかし、次第に不安感が襲ってきた。

〝このままでいいのだろうか？　地上では多くの賢者たちが殺されているというのに、われわれがこんな所にいていいのだろうか？〟

ケンはひどい焦燥感にかられた。その時、部屋にふたり以外の生き物の気配を感じた。精神を集中させる。ひとつではない、複数だ……。いや、それどころかたくさんいる。

……無数だ、部屋中にぎっしりと充満している。

……なんだろう？　恐ろしい……。

そのとき、ケンの頭の中に優しい声が響いた。ナナの声だ。

〝そこにいるのはラルヴァよ。連中があなたたちの神経を高ぶらせ、苛立たせたり、絶望的な気持ちにしているの〟

ケンはナナに質問した。

〝何なの？　ラルヴァって〟

〝精霊の一種よ。天界にも地上にも居場所がなく、中途半端なままでさまよっている。いわば精霊のなりそこない、胎児みたいなものなの。処刑された罪人や、自殺した人の執念なんかが凝り固まって生まれたのよ。いわば精霊になりきれない怨念が生み出した霊よ。

気をつけて。連中は人間の精神に侵入して夢を挫き、陰湿にさせ、無気力を誘うから……〟

ラルヴァたちがぞろぞろとケンの身体に触れてきた。ヌルヌルとした感覚、血なまぐさい臭気、声にならない呻きなどが襲った。ケンは必死に耐えた。しかし、ラルヴァたちは身体をはい上がり、腕といわず顔といわず、そこいらじゅうにしがみついてくる。ペタリ、ペタリ……ひどく気持ちが悪い。またナナの声だ。

〝駄目よ、努力して耐えようとしても効果がないわ。そうじゃなくて、あなたの気持ちを奮い立たせるのよ。希望とか夢とか、明るい未来の事とかを考えなさい〟

こんな状況のなかで明るい気持ちになるのは難しいことだ。しかし、できるだけリラッ

■**ラルヴァ**（Larva）

ラルヴァとは、生物学の用語としては「幼虫」という意味であるが、魔術学においては「未熟な怨霊」とされる。ラルヴァが生ずるのは次のような条件下だという。
①罪人が処刑されて、不浄な血や精液が大地に流れる時。
②処女や人妻の不浄な血が大地に触れた時。
③睡眠中や自慰により、精液が流れ落ちた時。
この、できそこないの精霊は不平不満、満たされない思い、悪しき欲望などで培養される。そして、病人や不遇な人々にまとわりつくのである。当然ながらこの怨霊にとりつかれた者は陰湿で無気力、自堕落な傾向を知らずのうちに増長させてしまうのである。中世では、修行僧や修道女たちをおおいに悩ませたのである。あの、パラケルスス博士自身もラルヴァに脅かされたひとりで、彼は睡眠時には必ずラルヴァ退治の長剣を携えたという。

クスさせるよう、心を仕向けた。すると、次第に粘つくようなラルヴァの感触が消えていったのだ。やがて、部屋に充満していたラルヴァたちの気配は消えていった。やがて黒衣の男たちがたいまつを持って現れ、次の部屋に誘った。

今度の部屋は割合と居心地のいい所だ。明かりもあり、床に敷かれた絨毯に腰をおろした。ラルヴァに襲われた緊張が解けて、眠くなった。目を閉じると突然、幻影が映った。ケンの母である。母が奇妙な姿の鬼たちに拷問されている。悲鳴が聞こえる。ケンは思わず耳をふさいだ。しかし、哀れな母の様子から目をそむけることはできない。母がケンに叫んでいる。

「あなたのおかげでこうなったのよ。お願い！　もう、こんなことはやめるといってちょうだい。助けて、母さんを助けてよ。ケン、あなたがわたしの名前を呼びさえすれば、わたしは解放されるの。いって！」

罠だと感じた。しかし、目の前で苛まれている母親を見るのは苦痛だ。母親はケンに懇願し続ける。耐えられない。……我慢できない。母さんの名前を呼ぼうとケンは思った。すかさずナナの声がした。

〝駄目よ。感情に惑わされず、よく見てごらんなさい。あれはあなたの母さんなんかじゃないわ。落ちついて、心の目で見なさい〟

ケンはストーンヘンジで、ワトスン導師から受けた教訓を思いだした。

〝そうだ、透明な心で対象を見つめれば、その本質が見えてくるんだ〟

心を開くこと。それがケンに課せられたテーマとなった。やがて、ストーンヘンジで体験したのと同じように、青白い光で自分の身体が包まれるのを感じた。母親の幻影を見ると、それはもう母親なんかではなく、グロテスクな生き物が叫んでいるだけだった。かたわらのリュウを見ると、彼も満足気な微笑みを返してきた。


それからの試練は、ふたりにはさほど厳しくは感じられなかった。底無し沼を渡ったり、毒薬を試飲したり、踊り狂う裸女の誘惑に耐えた。すべての試練が終わると、最高位の神官がふたりを祝福してくれた。

「おめでとう。これでおまえたちは立派なミトラ神官の資格を得た。太陽の使者としてミトラさまのお名前をはずかしめんよう、戦いの場に赴きなさい」

神殿を出るとナナが待っていた。

「よかったわね。本当はすごく心配していたのよ。だって〝太陽の使者〟の資格は百年にひとりくらいしか貰えないの。途中で発狂した人もたくさんいるそうよ」

晴々とした顔でリュウが答えた。

「まさか。でも、どうしてそれを最初にいってくれなかったんだい」

「いったら、あなたたち中に入った?」

「もちろんさ。……いや、逃げだしたかも知れないな」

彼らは声をあげて笑った。戦士たちのつかの間の休息だった。

グリモワール＝魔術書

「さあ、出発しましょう」

ナナが勢いよく話した。

「これからアテネにいくのよ。遠いから歩いていくわけにはいかないの。あなたたちの魔術でわたしも連れていってくれない?」

ケンが質問した。

「なぜ、アテネにいかなくちゃいけないの?」

「お婆さまのいいつけよ。グリモワールの勉強をしなさいって」

いやもおうもなく、ケンとリュウは空中飛行の魔術を実行させられた。実際、うまくいくか不安ではあったが、いままでの魔術修行の成果が出たのか、スムーズに飛行することができた。ふたりはナナを真ん中にはさんで飛行を続けた。ケンはナナを脇に抱えていることが、照れくさい気持ちがした。

ナナの指示で、アテネ市内にあるバザールに着陸した。ナナは一軒の骨董品店に入っていく。店の主人はナナと知り合いらしく、愛想を振りまきながら三人を奥の部屋に案内した。

「どうぞ、ごゆっくり」

主人が消えると、ナナは骨董品の陳列ケースをずらして、そこにある小さな扉をくぐった。隠し部屋だった。周囲には赤茶けた革表紙の分厚い本がたくさん並んでいる。ナナが説明してくれた。

「グリモワール、つまり魔術書はほとんどが十五世紀以降に書かれたものなのよ。でも、その内容は古代から魔術師の間で伝えられたもの。いろいろな魔術が丁寧に記されているの。ほら、もっとも有名なのがこの『ソロモンの鍵』や『ラジエルの書』『エクノ書』『アルベルツス』ね。それに『ピラミッドの聖人』や『道士』、わたしたちギリシャ人には関係の深い『アルバテル』もあるわ。これだけ魔術書が揃っているのは世界中でもここだけなのよ。ヘブライ語やエジプト語、ギリシャ語などいろいろな国の言葉で書かれてるから、興味のあるところは私が翻訳してあげる」

実に多彩な内容だった。多くの魔術師や研究者の努力の結晶がそこにまとめられていた。書物は大別して〝白魔術〟と呼ばれる天使や精霊の召喚方法が記されたものと、悪魔、鬼神を呼び出す図形や呪文など〝黒魔術〟に関するものに分けられた。三人は丸一週間もの間、寝食を忘れてグリモワールに没頭した。

グリモワール（Grimoire）

主に十五世紀から十八世紀にかけて魔術に関する書物が多数出版された。これらを総称してグリモワール（グリモア）という。書物の多くは古代から伝わる文献の写本であるとするが、なかには幼稚なものも混じっていた。その具体的内容は、悪魔の分類と名称、悪魔や天使の召喚方法などであり、呪文、魔除け、護符などがふんだんに紹介されている。また民間信仰や迷信なども含まれていた。中世は聖職者たちを中心に「悪魔学」が隆盛を極めた時代でもあった。これらグリモワールの出現はそうした背景から生まれたともいえるだろう。

■ベストセラーのグリモワール

当時、もっとも人気の高かったグリモワールは『ソロモンの小さな鍵』と題された写本で、十五世紀初頭にラテン語で記された。著者は古代イスラエル王であり、ダヴィデの子であるソロモン（Solomon 在位 紀元前九七五～紀元前九三二頃）とされるが、確証はない。これには悪魔七十二人分の名前と記号が記載され、具体的な召喚方法が記されている。当時の魔術界では、名前を知ることはその本人を支配する上で必要不可欠な要素とされた。姉妹本的存在の『ソロモンの大きな鍵』は、召喚をより具体的に実行するため、正確な時間を決める〝惑星の性質〟やペンタグラム（五芒星形）の書き方、召喚儀式のためのアイテムなどが記載されている。ソロモン王は古代の代表的魔術師として知られているため、ソロモン著とされる書物はほかにも多く出現した。

■黒魔術の専門書

『グリモリウム・ウェルム』は別名〝真のグリモワール〟と呼ばれ、一五一七年にエジプトで出版されたという。悪魔の印章や文字、悪魔祓いの儀式などをはじめ、黒魔術に属する数々の具体的方法を紹介している。ただし、グリモワールには偽書や他の書物からの寄せ集めといったものが多く、その編著者名や出版年月日についても疑わしいとされている。

シーン 12

魔獣たち

ケンタウロス／セイレーン

彼らがデルフォイの神殿に戻ると、ナナの祖母が落ちつかない様子で迎えた。ケンとリュウが〝太陽の使者〟の位階を授かったことを報告すると、さすがに嬉しそうな表情になった。

「そりゃあ、よかった。だれでも神官になれるというものではない。それなのにおまえたちは、ずいぶんと高い位をもらったものだ。並の若者にできることじゃない」

ナナが祖母にたずねた。

「お婆さま、どうも様子がへんよ。なにかあったの？」

「いや、昨日の夜中に馬のいななきが聞こえてね。もしかしたらケンタウロスがナナをさらいに来たのではと思って心配なんだ」

ケンが口をはさんだ。

「ケンタウロスって、ギリシャ神話に出てくる半人半馬のことでしょ。実際にいるんですか?」

「もちろんだ。ときどき村里に現れては若い女を誘拐する。ひどく粗暴な一族だよ。……連中は棍棒と弓矢の名手さ。昔、この一族には優れた統率者がいて、名前をケイロンといった。彼は天文学の知識があり、薬草の研究家としても評判が高かった。しかも不死身だったのさ。ところがひょんなきっかけでヘラクレスと闘うことになり、ケイロンはヘラクレスの矢を膝に受けてしまった。その傷が痛くてしかたがないが、不死身のケイロンは死ぬことができない。結局、死ぬべき運命を背負わされていたプロメテウスが、死の権利をケイロンに譲ったんだ。ケイロンは穏やかに死んでいったが、ケンタウロス一族の乱暴ぶりは、またもとに戻ってしまったんだよ」

ケンタウロス(Centaur)
ギリシャ語でケンタウロスというのは〝牡牛を刺すもの〟という意味を持つ。上半身が人間で下半身が馬という彼らの一族は、棍棒と弓を武器として山を駆け降りて女たちを襲うなどの乱暴を働くことを常としていたが、ヘラクレスによって駆逐された。

ケンとリュウは、ナナをおびやかすケンタウロス一族との戦いを決意した。その晩、ふたりは女性の衣装を身につけ、ケンタウロスを待った。ナナは祖母の秘蔵する宝石を身につけた。この宝石は悪霊や災難を避ける護符として威力を発揮するという。

深夜に馬のいななきが聞こえた。ふたりはヴェールを被って外へ出て、小走りに逃げる。広い場所に出ると、ふたりは立ち止まった。追ってきた髭面のケンタウロスが怒鳴った。

「そうだ、逃げられはしないぞ、覚悟しろ」

リュウがヴェールを放り捨てて、自慢の剣を構えた。

「やっぱりそうか。われら一族はそんな簡単に騙されん。おまえたちはケンとリュウだろう。ちゃんと知っている。ナナを誘拐するふりをしておまえらをおびき出したのさ。さあ皆の衆、このふたりをなぶりものにしてやろう」

岩場の陰から十数頭のケンタウロスが姿を見せた。棍棒や弓矢を手にしている。激しい戦闘が始まった。一頭ずつを相手にしてはケンたちの方が勝っていたが、なにしろ敵は数で押してくる。次第にふたりは海に臨む崖っぷちに追いやられてしまった。そのとき、海の方から歌声が聞こえてきた。見ると、海中に美女が浮かんでいる。歌声は優しく穏やかで、思わず聞きほれてしまいそうになった。ケンの耳にナナの声が聞こえた。

〝気をつけて、海の魔女セイレーンよ。彼女の歌を聞いてはだめ！〟

気を取り直すと、ケンタウロスたちがいなくなっていた。リュウがケンにいった。

「ケンタウロスたちは、ぼくらをここにおびき出す役目だったんだ。ケン、気をつけろよ」

そういいながらもリュウの目はうつろになっていく。

「駄目だ、セイレーンの歌声を聞くと海底に誘い込まれてしまうぞ」

「わかっている」

■セイレーン（Siren）

ギリシャ神話では、彼女たちは当初山岳地帯に住み、美しい歌声で旅人を誘惑し食い殺したという。ギリシャ・ローマ時代になると島や岸壁に住む人魚と考えられた。オデッセウスは彼女たちの島を船で通過するとき、乗組員の耳を蝋でふさぎ、自分は身体をマストに縛りつけた。

魔獣

自然界は神々による造形の妙に満ちている。古代の人々が遠い国から運ばれた未知の動物を見て、驚嘆の声を上げたであろうことは十分に予測できる。いままで見たこともない奇妙な動物は、その不思議な生態とともに人々の心に焼きつき、その想像力を刺激してイメージはますます肥大していく……。古代人にとって〝魔獣〟とはそういう存在だっただろう。もちろん、そのモデルはあった。

十六世紀、スペインの軍隊は新大陸アメリカに遠征した。騎兵を見たインディオは、馬という生き物を知らず、乗馬している様子を見て、人と馬が一体化した奇妙な動物と恐怖したという。ケンタウロスという魔獣を想像した古代ギリシャ人もまったく同じ経験を紀元前にした。乗馬にたけたテッサリア地方の人々を見たギリシャ人は、彼らを人間とは思えなかったのだろう。

中世は数多くの魔獣が古代から復活し、また作られた時代でもある。その数はおよそ五百を数える。禁欲的なキリスト教の倫理観が人々の心を抑圧したという背景のもとに、古代の魔獣たちは単なる奇異な動物から、倫理観や善悪の象徴としての生き物に生まれ変わることを余儀なくされた。魔獣という存在を思うだけでも人々の心は恐れ、おののいた。そして、そうしたいやらしい存在に立ち向かう勇気を奮い立たせたのである。

本書に登場する魔獣を見ても、そこには進化論などからはみ出した生き物たちがひしめいている。生物学などものともしない。だからこそ〝魔獣〟なのだろう。人間の心のなかの恐怖や畏怖が魔獣たちの絶好の培養液なのだ。

不可視の術

言葉とは裏腹にリュウは夢遊病者のようにふらふらと断崖に向かう。ケンはあわてて引き止めながら叫んだ。

「リュウ、〝不可視の術〟を使うぞ、協力してくれ！」

ケンは短剣で地面に円を描いた。簡単な魔法陣ではあるが、ことは緊急を要する。

〝たしかグリモワールに紹介されていた。ぶっつけ本番だけどうまくいくかも知れない〟

ケンはリュウを引きずって魔法陣の中央に立ち、東の空に向かって右手人指し指で十字を切った。

「大いなる精霊の力によって、我に不可視を与えたまえ。さらば我は精霊を永遠に讃えることを誓う。力を、不可視の力を与えたまえ……。アタル、バテル、ノーテ、イホラム、アセイ、クレイウンギト、ガベリン、セメネイ、メンケノ、バル……」

呼吸をととのえ、邪念を心から消し去ることに努めた。次第にふたりの身体が透けてきた。

〝しめた、うまくいきそうだ〟

そう思った途端、リュウの身体がグラリと傾いて魔法陣から転げ出てしまった。魔術の最中に魔法陣から飛び出すことは自殺に等しい。ケンはどうすることもできず、呪文を続行した。ケンの身体はさらに透き通っていき、ついには不可視、つまりは透明人間になることに成功した。我に返ってリュウを探すが、断崖の上に彼の姿はない。セイレーンに海底へ引きずりこまれてしまったのだろうか。ケンの心に深い悲しみが生まれた。日本を出発して以来、無二のパートナーとして一緒に行動してきた仲間がいなくなってしまったのだ。……ケンは考えた。あの時、セイレーンの魔力の前に、彼の魔術はなすすべもなかった。そして、窮余の策として不可視の術を思いついたのだった。姿を消せば、魔力から逃れることができると——。しかし、結果としてリュウを失ってしまった。〝攻撃こそ最高の防御である〟という言葉を噛みしめた。おそらく魔術の世界でも通用する言葉だろう。あそこで弱気になり、逃げることばかり考えたのが失敗だった。そう思った。

「これからどうしたらいいのだろう」

ケンの耳にナナの声が聞こえてきた。

〝だいじょうぶよ、彼だって立派な魔術師。簡単に殺されたりしないわ。きっといつか会えるから……〟

慰めの声も力がなかった。

■不可視の術 (Invisibility Magic)

自分を他人から見えないようにする〝不可視の術〟は、空中飛行とともに、もっとも魔術的効果の大きい術である。不可視への願いは時代や地域を問わず、人々の心にある。不可視を目的とした魔術はいくつかあるが、非常に高度な魔術であるといわれる。

一例として〝不可視の呪文〟の一部を紹介しよう。

「大いなる精霊の力によって我に不可視を与えたまえ。さらば我は永遠に精霊を讃えんことを誓う。慈悲により、死者は立ち去るであろう、不可視の業を成就せんがため。力を、我に不可視の力を与えたまえ……………」

もちろん、この魔術は呪文だけではなく、魔法陣を描き、魔術アイテムを用意し、聖衣をはじめすべてのものを聖別しておこなう大がかりなものである。成功率もかなり低かったようだ。

ケルベロス／キマイラ

崖に沿った小道を降りて海岸に出てみた。ケンはリュウを失ったことをまだ信じられなかった。海面は鏡のように静かで、いままでセイレーンがいたことなど嘘のようだった。しかし、友をなくした悲しみにくれるのも、ほんのつかの間だった。波打ち際にあった、小岩だと思っていたものが獣のような雄叫びをあげて攻撃してきたのだ。そいつは犬に似た動物だが、頭が三つもついている。グリモワールで見たケルベロスという魔獣だ。口からダラダラと緑色の唾液を垂らしている。おそらく毒液だろう。

〝ケン、その怪獣はケルベロスといって『冥府の番犬』の別名があるのよ。ひどく敏捷だから用心してね〟

ケンは二～三回、ケルベロスの攻撃をかわしてから、アグラの小剣を抜いて、強力な念力を送った。

バリン、バリバリーン。

ケン自身がびっくりするほど強烈な稲光がおこり、ケルベロスの額から鮮血が吹き出している。リュウを失った悲しみが憤怒に変わったのだ。ケルベロスは地響きを立てて海岸に転がった。

すると、暗闇から真っ赤な火の玉のようなものがこちらに向かってきた。ケンは怒りの表情を見せて火の玉に叫んだ。

「こんどはおまえか。よし、闘ってやるぞ。妖怪どもめ、いくらでもかかってこい！」

地上に降り立ったものはライオンの頭部をもち、背中には山羊の首がついている。そして、激しく火を吹きながら迫ってくる。

「そうか、おまえはキマイラだな。さあこい」

ケンはアグラの小剣をキマイラに向ける。そして、剣先から轟音とともに稲光を発した。一発、二発……、ところがキマイラは恐ろしく敏捷な動きでケンの攻撃をことごとくかわす。ケンは必死になって攻撃するが、息が乱れるばかりである。焦るケンに、またナナの声が聞こえる。

〝ケンったら、興奮しては駄目よ。魔術師は常に冷静でいることが大切なんでしょう。よく聞いて、キマイラは普通の武器では倒せないのよ。倒すには鉛の槍が必要なの。神殿に戻ってきて、ここには鉛の槍は無いけれど、鉛の固まりがあるわ〟

ナナの声でケンは我に返った。そして、一目散にデルフォイの神殿めがけて突っ走った。神殿の前ではナナが鉛を持って待っていた。ケンは鉛を受け取ると、追ってきたキマイラに向き直った。そして考えた。とっさに自分の剣の先に鉛をさし、攻撃してくるキマイラの口をめがけて投げつけた。命中だ。キマイラはもがき、しばらくたつと死んでいった。

「キマイラは火を吹くでしょ。そこに鉛を投げ込めば、鉛は溶けて強力な毒になってキマイラの全身を駆けめぐる……、そういう言い伝えがあるのよ」

■ケルベロス（Cerberus）

ギリシャ神話でテューポーンの子供とされるケルベロスは地獄の番犬として知られている。地獄の門を通った人間は、この三つ頭の猛犬により地上に戻ることを阻止されたのだ。いったん、この猛犬の声を聞いた者は恐怖で震え上がり、身動きもできなくなったという。

■キマイラ（Chimaera）

ライオンの頭と山羊の胴体、それにドラゴンの尻尾を持つキマイラは火山を住処としている。口から炎を吐くキマイラを退治するのは容易なことではなく、ベレロポーンという英雄は穂先に鉛を仕込んだ槍をキマイラの口に刺し込んで仕留めたという。

ナナの説明を聞きながら、ケンは肩で息をしていた。激しい戦いの連続だったが、彼には魔獣と闘う方法が分かりかけてきたような気がした。悲しみや憤りといった感情は逆効果なのだ。どんな場合でも冷静に判断して、自分の持てる能力を最大限に発揮して敵と立ち向かうこと。それが教訓となった。

アスモデウス

翌朝、神殿の外で大勢の人間の声がする。皆、口々に老婆になにかを訴えている。ケンはその理由をナナに聞いてみた。

「麓の村人たちなの。怪獣が現れて村が破壊されたっていっているわ。おかしいのよ。闇の軍隊は魔術師たちしか襲わないはずなのになぜかしら」

「とにかく村にいってみようよ」

ケンとナナは麓の村に降りていった。数十軒の農家が完璧なまでに破壊されていた。羊や山羊、牛などの家畜の死骸が転がっている。村の中心部に入ると、奇妙な生き物にでくわした。雄牛と人間、羊の三つの頭を持ち、鵞鳥の脚と蛇の尾を持っている。その魔獣を見た途端、ナナは小刻みに震えだした。

〝どうしたのナナ、それほど狂暴そうじゃないじゃない〟

■**アスモデウス**(Asmodeus)

ゾロアスター教では、宇宙は善と悪の二種類の精霊によって支配されているとする。善なる精霊は〝光の王〟アフラ・マツダによって統率され、一方の悪霊は〝闇の王子〟アーリマンの指揮下にある。アーリマンは六人の大魔つまり〝悪の指揮官〟を持つ。無秩序、背教、傲慢、破壊、腐朽、激怒である。この最後の〝激怒〟の大魔こそがアスモデウスの正体だ。途方もない古代から地上に君臨するアスモデウスは悪魔でありながら、同時に限りない知恵の所有者である。彼に誠実さを示せば、寛大にも宇宙の神秘や魔術に関する多くの知識を授けてくれるとされるのである。

〝違うわよ。あれはアスモデウスよ。アーリマンの一番の部下なの。悪いだけじゃなく、ものすごい知恵の持ち主よ〟

〝よし、じゃあ話をしてみよう〟

〝そんなこと無駄よ。殺されてしまうわ〟

ナナが止めるのも聞かず、ケンはアスモデウスの前に進んで質問をした。

「アスモデウスよ、あなたは賢者として知らぬ者なきおかたです。この戦いは魔術師や魔獣、精霊たちの戦いのはずです。なぜあなたは一般の人間までも攻撃するのですか?」

アスモデウスは低く、落ちついた声で答えた。

「おまえはわしが恐ろしくないのか。わしに面と向かい質問する人間は初めてじゃよ。……よろしい、答えてやろう。今朝、たしかにわしはこの村を破壊した。しかし、これは闇の軍隊としての戦いではない。この村では村人同士が見栄を張ったり、嫉妬したり、邪悪な心根がはびこっておったのじゃ。わしはそうした連中の心に巣くうのじゃよ。連中の邪悪な気持ちがわしを出現させたともいえる。どうじゃ、わかったかな」

「はい、それではもうおやめください。村人たちも反省しております。今後はけっしてあなたをお呼びするようなことのないよう、彼らに誓わせます」

「よろしい。ところでおまえは勇気ある若者じゃ、さあ、いいものをやろう」

そういうと、アスモデウスは指輪をケンの前に放った。

「おまえの勇気と知恵を高める護符じゃ。しかし、わしも闇の軍隊の将軍、次に会ったときは命をもらうからな」

そういうと、アスモデウスは消えていった。ナナが興奮している。

「なんて人なの、ケン。いったいいつのまに、あんな勇気を発揮できるようになったのかしら。驚いたわ。きっとお婆さまも喜ぶわ。あなたの勇気と知恵をアスモデウスが認めたんですもの」

ケンは照れくさかった。アスモデウスにもらった指輪を握りしめてリュウのことを思った。

〝彼のお陰でぼくは一人前になれたんだ〟

ケンの心を読んだナナが微笑んだ。

宝石の護符

さまざまな色の光を放つ貴重な石――宝石。古代から神秘的な力の宿る石として尊重されてきた。古代社会には宝石（Jewel）と貴石（Gem）という分類はなく、おもに色によって区別されてきた。もちろん、宝石には護符としての効果を期待され、次のように効能があるとされた。

○青、緑色の宝石＝炎症や熱病に効果がある。
○赤、黄色の宝石＝風邪やリュウマチに効果がある。
いかにも単純なものであるが、こうした発想は次第に複雑かつ分類的になり、中世にいたって非常に緻密なものとなった。宝石の護符としての効能は地域や編者によってさまざまだが、ここに一例を紹介しよう。

ダイヤモンド（Diamond）	古代ギリシャ以来、もっとも硬い物質として知られ、不屈の信念、威厳と富、率直などの意味を持つ。この石を持つと戦いに勝利し、魔術や嵐などを防ぐ。
オパール（Opal）	古代エジプトではエメラルドの次に尊重された石。希望、自信、予言力を与え、魂をリラックスさせてくれる。また、毒害を防ぎ、悲しみを忘れさせてくれる。

エメラルド (Emerald)	再生のシンボルであるこの石を持つと、愛が成就し、幸せな結婚生活が約束される。護符としては呪術封じ、邪視の防止や悪霊から身を守るとされる。ローマ皇帝ネロも愛用した。
サファイア (Sapphire)	良心、純粋さを示すこの石は持ち主に誠実さをもたらし、若さと勇気を持続させる。この石の贈り主が裏切ると、変色するといわれている。
真珠 (Pearl)	世界の中心、富、自己犠牲を象徴するこの石は、火除けの護符として知られ、粉末にして飲むと狂気を治療する薬になるという。マニ教では一切の災難から身を守る最高の護符。
オニッキス (Onyx)	威厳と明晰を示すこの石は、旅人が胸につけると事故防止の護符となる。また、悪夢を追い払う効果もある。キリスト教では黒色の石が宗教的瞑想を高めてくれるとされる。
ガーネット (Garnet)	長寿と意思力、堅固さの象徴。身につけることで成功を保証し、短気な人をなだめる効果がある。また、色が褪せると、身の危険が迫った証拠となる。

第五章

神々の地、インドの厳しい自然は魔術を育んだ。修行僧の苦行のなかに生じた霊力は、人々の前に魔術の大河となってほとばしる。ヒマラヤを越えてチベットに向かうと、神秘のヴェールに包まれた孤高の仏教がある。サドゥ、マンダラ、ブータ召喚、カバンダ、アスラ、ラークシャサ、ヨーガ、チャクラ、インドの聖仙、タルパの術、真言、活仏……。

シーン 13

悠久の聖地インド

亡霊召喚

ケンは憂鬱な日々を過ごした。心のなかにぽっかりと穴が開いたような気持ちである。原因はリュウにあった。魔法陣から転げ出たまま、セイレーンに海底へ引きずりこまれてしまったのか？　リュウの消息は依然として不明のままだ。

〝生きているのか、それとも死んでしまったのか。せめてそれぐらいの事実は知りたい〟

というのがケンの心境だった。

彼の心のなかが痛いほどわかるナナが提案をした。

「ねえケン、インドへいってみない」

「闇の軍隊がインドで暴れだしたの？」

「それもあるけど……。お婆さまがいってたのよ。『ケンは東に旅をすべきだ』って。それにインドには賢者が何人かいるわ。あなたが今、一番知りたいことを教えてくれると思うの……」

こうしてふたりはインドに旅立った。インドは広い国である。暑い国を想像していたケンが到着したのは北部で、肌寒くさえ感じる。赤茶けた大地は耕作には適していないが、精悍な農民たちの表情は、むしろ清貧に甘んじているように思えた。ふたりは、ナナの祖母の知り合いだという苦行僧（サドゥ）に面会した。

彼はほとんど全裸で髪の毛も髭も伸ばし放題。一見して乞食のように思えるが、ヒンドゥ教シヴァ派の指導者だという。苦行僧はケンたちの願いを聞き〝亡霊（ブータ）召喚〟の魔術を実行してくれることになった。

夜間、墓地の一角に人骨の白い粉末と血でマンダラと呼ばれる模様が描かれる。骨で線を引かれたマンダラの内側の地面は血が塗られ、中央に苦行僧が立った。彼の四方には血をたたえた瓶が置かれ、人間の脂肪の灯明で照らされる。犠牲の鶏が何羽か殺された。次に弟子たちが墓地から死体をひとつ掘り起こした。死体ならなんでもよいのではなく〝屍鬼〟のとりついたものだという。死体は聖水で清められ、香油が塗られ、花輪をかけてから苦行僧の前に置かれた。苦行僧は痩せた身体に灰を塗りたくり、髪の毛で編んだ聖紐を肩に垂らし、瞑想に入った。

……どのくらいの時間が経ったのだろう。マンダラの内部の雰囲気が一変した。呪文を唱えながら、死体に花を撒き、八体投地をしてから質問した。

「ブータよ、われらはリュウという若者のことが知りたくて、この祭祀をおこなった。あなたが冥界（死者の国）の主ならば、リュウの消息を教えたまえ」

死体の口が開き、乗り移ったブータのしわがれた声が漏れてきた。

「……リュウは今、冥界にもこの世にも身の置き所がない。ふたつの世界の間でさまよっているのだ」

「はて、それでは死してもおらず、生きてもいないというのですか」

「しかり。輪廻のなかばで苦しみもがいておるわ」

「ならば、この世界に引き戻すことも可能なのですか」

「……しかり……」

「その方法をお教えくだされ」

「方法はそこにいる若者が握っておるわ。東に向かうことじゃ。ただし若者は生命を賭けることになるぞ……」

しわがれた声は大地にしみるように小さくなり、やがて消えてしまった。そして、苦行僧は崩れるように倒れ、荒い息をしている。

ケンは興奮して質問した。

「賢者よ、リュウはどうなっているのですか」

「肉体から霊魂が遊離したまま、冥界へもいけずにさまよっているのだ。だからこの世界に引き戻すこともできる。リュウがそれを望めばの話だが。そして、お前が試練に耐えられるかどうかにもかかっている」

「やります。リュウのためだったら、どんな苦行もいといません」

「苦行といったな。われらの世界では苦行のことを〝タパス〟と申す。タパス、つまりは〝熱〟のことだ。与えられた肉体を駆使して内なる熱を起こし、宇宙と合体させることこそが苦行なのだ。お前にできるかな」

■サドゥ（Sadhu）
ヒンドゥ教の苦行僧を指す言葉。熱心な宗教者というものは、奇異な存在に見えるものだが、苦行僧はとりわけ興味深い。彼らは金銭を得るための手段を講じず、もっぱら施し（乞食《こつじき》）によって生活している。熱狂的な苦行僧はシヴァ派（シヴァ神を主神と崇める宗派）に多く見られる。彼らは局部を隠す小さい褌ひとつを身に着けたほとんど全裸で、身体中に灰を塗っている。髪は伸ばし放題で手入れは一切せず、ひたすらみずからに課した苦行に明け暮れる。例えば右腕を頭上に上げたまま何年間も降ろさない行や、言葉を話さない行、地中に埋められたままの行などである。こうした苦行をすることでシヴァ神の霊力を自分のものにしようと念じるのである。ちなみにインドでは今も、数百万人規模のサドゥがいる。

■苦行（Tapas）
タパスとは直訳すれば「熱」という意味のサンスクリット。自発的に肉体に苦痛を与えることによって、精神的・宗教的な至福を得る手段。世界中の宗教でこうした苦行がおこなわれるが、インドがその発祥地とされる。ヒンドゥ教では、現世で苦行を課すことが、来世での安楽を保証するという。

ヒンドゥ教 (Hinduism)

インド大陸を中心に信仰されている宗教。紀元四世紀頃、インド古代の宗教であるバラモン教に各地の土着信仰を採り入れて確立した。多神教であることから、さまざまな神格を採り入れることに寛容で、広い包容力を持っている。ヒンドゥ教の人間観の一部を紹介しよう。

人間は死ぬと無に帰すのではなく、来世で再び新しい肉体を得るとされる。生と死を無限に繰り返すのだ。これを〝輪廻〟という。肉体は滅びるが、霊魂は過去・未来にわたって永遠に不滅なのである。しかも、生前におこなったさまざまな行為（業＝カルマ）の結果が来世で示されるのである。つまり、現世のさまざまな苦しみや性格、幸・不幸は前世で犯した行為の結果とされる。人間に生まれ変わる場合もあれば動物だったり、天界に住んだり、あるいは地獄で責め苦に遭遇する場合もある。これを〝因果応報〟という。

ならば人間は自分の行為をどう規範したらよいのかと考えられたのが〝法（ダルマ）〟である。〝法〟に則って善業（正義）を積み、悪業をしりぞける生活が、人間に課せられた使命でもあるのだ。そして、前世の悪業をすべて清算し、善業を積むことによって〝解脱（バクティ）〟へと至ることができる。

輪廻という循環を断ち切って、永遠に自由な存在となることがヒンドゥ教徒の理想である。ヒンドゥ教の思想や世界観は仏教にも強く影響を及ぼしている。

ブータ（Bhuta）召喚

ブータというのは屍鬼、幽鬼、悪鬼を意味する。墓場に出没して死体を動かし、人間をだましてその肉を食うという。この悪霊には願いをかなえたり、未来を予知する能力があることから、召喚のための儀式が考えられた。儀式の概要は本文と同じだが、供物の傍らに火がたかれ、屍鬼をかたどった像や各種の呪具が置かれる。屍鬼を呼び出したあとは頭蓋骨の水鉢に盛った清浄な人間の血液で閼《あ》伽《か》水が手向けられ、花を撒き、香油を塗り、人間の眼球を火にくべて焼香する。さらに、生贄となる人間に八体投地（両足、両手、両膝、額、胸を地につけてから礼拝すること）をさせてから、その首を切り落とす。首と心臓を供えて儀式が終了するという血なまぐさいものだ。

灯明

　ブータ召喚儀式の場合は人間の脂肪が燃料として使用される。これは、ブータが人間の肉を好むために考えられたと思われる。

血の壺

　髑伽というのは本来は貴人や神仏に捧げる清浄な水のこと。水に香木を入れることもある。ここでは瓶に入れられるが、頭蓋骨の上部を切り取り、鉢状にしてから銀を張った容器が使用されることが多い。これはチベット仏教でもおこなわれている。

花

　清浄好みのインドでは花を供物とすることが一般的だ。インドでもっとも清浄とされる花は蓮（睡蓮）。泥水のなかで咲きながら清らかな美しさを持つからだとされる。ヒンドゥ教三大神のひとりヴィシュヌ神の妻ラクシュミ女神は蓮の花の象徴と考えられる。

香油

　油に花の香りを吸収させたもの。香水のルーツともいえるものだ。香油の使用はインドに限らず、キリスト教社会でも頻繁に儀式に使用された。

聖紐《せいちゅう》

　カーストの最上位にある婆羅門階級の人々は、みずから宗教的指導者としての立場を示すために、一本の紐をたすきがけにしている。

マンダラ（Mandala）

　マンダラはヒンドゥ教の世界観を図形化したもので曼陀羅とも書くが、本来はサンスクリット語で「真髄」「本質」を意味する。また「本質を得るための場所」という意味合いが強く、「道場」つまりは修行の場という側面を持つ。円を中心に描かれるのは、円輪が過不足なく充実した境地を示すからだ。大乗仏教が生まれると、曼陀羅は大きく発展し、仏教美術には不可欠な要素となった。

ヨーガ

苦行僧の導きで、ケンはヨーガ道場に入門することになった。アシュラム（道場）に到着すると、苦行僧は高位のヨーギン（ヨーガ行者）にケンとナナを紹介してくれた。ヨーギンがケンにたずねた。

「聞けば、お前は闇の軍隊と闘っているそうじゃな。しかもその最中に友を失い、いまだに動揺しているという」

「その通りです。リュウのことを思うと、心が痛むのです」

「……よいかな、肉体は霊魂を入れる容器、または乗り物に過ぎない。肉体は滅びても霊魂は不滅なのじゃ。ヨーガの修行は肉体を自在に扱うことで煩悩を超越することじゃ。苦行僧がわしを勧めたのも、おまえの心の弱さを知ったうえでのこと。わかったな……」

「はい、修行に耐える心構えはできているつもりです」

「よろしい。それでは基本的なことだけ説明しておこう。人間の身体には、尾てい骨のあたりに宇宙に通じるエネルギーが存在する。一般の人間にはその存在すら理解できないがな。ヨーガの修行というのは、そのエネルギーを活性化させて、身体の中心線に沿って存在する六つのチャクラ（輪）を通って上昇させ、さらには宇宙と一体になることが目的なのじゃ。では、修行を始めるがいい」

こうしてケンのヨーガ修行は始まった。瞑想と実践、それに苦行の日々が続いた。瞑想によって得たチャクラの位置を確かめつつ、肉体の訓練でエネルギーを上昇させる……。ケンの努力は実を結び、次第に上達していった。そしてある日のこと、身体の下の方にあるエネルギーの固まりがチャクラを打ち破りながら上に昇っていくのが感じられた。身体の中の潮流が堰を切ったように噴出し、頭のてっぺんにある最後のチャクラを打ち破った瞬間、なんともいえない恍惚感に見舞われた。宇宙の英知を体感する感激とでもいうのだろうか。自分の身体の内部にこうしたエネルギーが埋もれていたとは驚異であり、喜びであった。

ケンは修行の成果を苦行僧に報告した。彼は優しく語りかけた。

「どうじゃな、リュウのことがまだ悲しいか」

「いいえ、彼はたとえ霊魂となっても宇宙に存在し続けます。いずれ会える日のことを楽しみにします」

「よろしい。それでは旅立ちなさい。おまえは東に向かうと聞いた。旅の無事を祈っておるぞ」

苦行僧は途中まで送ってくれることになった。

ヨーガ（Yoga）

古代インドから伝えられる心の統一のための肉体修行法。二～四世紀に『ヨーガ・スートラ』という経典が編纂され、ヨーガ学派が形成された。これは、いわば霊的修行のためのカリキュラム。瞑想と実践、タパス（難行、苦行）などを積み重ねることにより業（カルマ）を超越し、悟りを得ることを目的とする。ヨーガはさまざまな流派に分裂したが、そのおおよそは次の六種である。

①ラージャ（王道）ヨーガ＝心理的ヨーガといわれ、心の作用をなくすことが目的。
②バクティ（信愛）ヨーガ＝神への絶対的信愛、帰依を目的とするもの。
③カルマ（行為）ヨーガ＝結果や報酬を期待することなく、解脱のみを目的とする。
④ジュニャナ（知識）ヨーガ＝宇宙原理と自己の本体との合一を計る目的。
⑤マントラ（真言）ヨーガ＝神秘的な呪文によって究極の真実を知ろうとする目的。
⑥ハタ（強制）ヨーガ＝肉体の訓練によって宇宙との合体を計ろうとする。

チャクラ（Cakra）

チャクラとは直訳すると「輪」という意味だが、ヨーガでは人間の脊椎に沿って存在する〝生命エネルギー〟の集積所という意味を持つ。さまざまなヨーガ流派のなかでも今日もっとも隆盛しているハタ・ヨーガの理論によれば、人体にはこのチャクラが七つあるという。肛門のあたりにある最下層のチャクラに宿るエネルギー（クンダリニ）が上部のチャクラを次々と通り抜け、最上部（頭部の上）にあるチャクラへ噴出させると、宇宙の根本原理と合一できるとされる。つまりは〝解脱〟に至るのである。この七つのチャクラを紹介しよう。

ちなみにチャクラは花びらで示されるが、省略されて円で描かれることも多い。

ビシュッダ（visuddha）**・チャクラ**

喉のあたりに位置するチャクラ。十六弁の蓮華の形をしているとされる。「空」に例えられる。

アージュニャー（Ajna）**・チャクラ**

眉間に位置するチャクラ。二弁の蓮華の形で描かれる。

サハスラーラ(Sahasrara)**・チャクラ**

「千の光線を持つ」チャクラという意味。図では千枚の蓮華の花びらで示され、頭部のすぐ上に位置する。宇宙の背骨である「メール山」に例えられる。

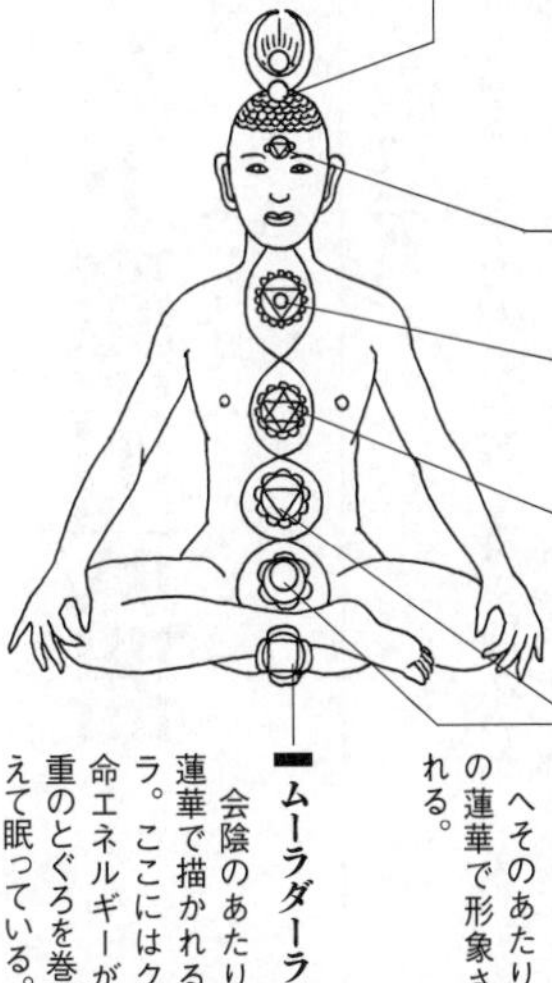

アナーハタ（Anahata）**・チャクラ**

心臓の近くに位置するチャクラ。十二弁の蓮華で象徴される。「風」に例えられる。

マニプール（Manipur）**・チャクラ**

みぞおちのあたりにあるチャクラ。十弁の蓮華で描かれる。「火」に例えられる。

スバーディシュターナ（Svadhisthana）**・チャクラ**

へそのあたりにあるチャクラ。六弁の蓮華で形象される。「水」に例えられる。

ムーラダーラ（Muladhara）**・チャクラ**

会陰のあたりに位置するのが四弁の蓮華で描かれるムーラダーラ・チャクラ。ここにはクンダリニと呼ばれる生命エネルギーが、まるで蛇のように三重のとぐろを巻き、みずからの尾をくわえて眠っている。「地」に例えられる。

シーン

14

インド魔術武器

聖なる武器ヴァジュラ

ケンとナナ、それに苦行僧と弟子たちの一行は東に向かった。ケンの表情は自信に満ちている。途中、林のなかで奇妙な生き物が一行をさえぎった。巨体の持ち主で首から上の部分がなく、大きな目は胸に、無数の歯を持つ口が下腹部についている。ケンはすかさずアグラの小剣を構えたが、苦行僧は魔獣を叱りつけた。

「カバンダではないか。天界に戻ったと思ったが、まだこんなところで悪事を働いているのか」

カバンダと呼ばれた魔獣はためらいをみせたものの、オランウータンのように長い腕を振り回して攻撃してきた。その一撃は苦行僧の耳元をかすめ、護衛する弟子のひとりに打ち降ろされた。

「グシャ」

頭蓋骨が潰れる音とともに弟子の首が空中に飛んだ。カバンダはケンをにらみつけ、低い唸り声をあげている。しかし、ケンは不思議なほど恐怖心を感じなかった。むしろ、殺戮を好む怪物の、心の奥に潜む悲しみを思うと、哀れな気持ちさえした。カバンダもそれを察したのか、ケンに攻撃を仕掛けるのを忘れて、見つめている。ヨーガ修行の成果の一部なのだろうか。ケンの心は澄み、目の前の敵すら憎む気持ちがなくなっていた。

「この魔獣は、以前はガンダルヴァといって、天界に住む精霊だったのだ。ところがインドラ神と揉め事を起こしたあげく、インドラ神のヴァジュラ（金剛杵）で頭を叩かれてしまったんだ。おかげで頭は身体にめり込み、こんな姿になった。こいつは神々を恨み、アスラ（阿修羅）として神々の敵対者となったというわけだ」

苦行僧はそう語ると、今度はカバンダに向かって怒

■**カバンダ**（Kabandha）
『ラーマーヤナ』に登場する森の怪物。巨大な体躯を持ち、頭がなく、腹の中央に無数の歯をつけた口がある。これは戦闘神のインドラと戦った際、ヴァジュラ（雷）に打たれて頭が胴体にめり込んでしまった結果だとされる。

鳴った。

「そうか、おまえは神の許しを得てガンダルヴァに戻ったと聞いたが、まだこんなところで悪事を働いているとは……」

ケンが苦行僧にいった。

「いや、おそらくは闇の軍隊の指示でわたしたちを襲ったのでしょう」

「そうか、それならば許せん」

苦行僧はそういって懐から金剛杵を取り出した。

「カバンダよ、よく聞け。このヴァジュラはインドラ神よりわれらに伝わったのだ。もう一度こいつで頭を叩いてやるわい」

我に返ったカバンダは、苦行僧を標的に攻撃を仕掛けた。やせ細った苦行僧のどこにこんな力が隠されていたのだろう。二度三度とカバンダの攻撃をかわした僧は、四度目の攻撃をかわした途端にジャンプ一発。カバンダの頭上にヴァジュラを振りかざすと、轟音とともにその脳天に一撃を加えた。カバンダは真っ二つに切り離されてしまった。

■ヴァジュラ（Vajra）
インドラ神の持つ最強の武器。雷をイメージしたもので「電撃」「金剛杵」と呼ばれる。これは天界に住むトヴァシュトリという技巧神が造ったとされている。

苦行僧は息をみだすこともなく、ケンとナナに語りかけた。

「いやいや、失礼なことをした。神々の聖地インドでこんな目にあわせたのはわしの不徳だ。……お詫びといってはなんだが、このヴァジュラを受け取ってくれんだろうか」

象牙に似た光沢を持つヴァジュラを差し出した。

「ケンよ、日本ではヴァジュラは仏教の法具として知られているだろうが、ここインドでは神々の時代の〝聖なる武器〟なのだ。しかもこれはインドラ神より賜った貴重なもの。……これにまつわる逸話を披露しよう。昔、ブリトラという魔獣が大地を干上がらせたことがあった。インドラ神は天地創造をつかさどるブラフマー神の指示で、ダディーチャという名前の聖仙をたずねて、こういった。〝三界の安寧のため、あなたの骨をくださらんか〟……ダディーチャは微笑んで答えた。〝よろしいとも。わたしはあなたのためにこの身を捨てましょう〟。そういうと、さっさと自殺してしまった。インドラ神は死骸から骨を一本抜くと、工芸神トヴァシュトリのもとに運んだ。工芸神は見事なヴァジュラを造り、それによってインドラ神は魔獣ブリトラを退治できたというわけだ。どうだ、もらってくれんだろうか」

ケンが答えた。

「そんな由緒のあるものをいただくわけにはいきません。どうか大切にお持ちください」

「いやいや、おまえは闇の軍隊と闘うではないか。わしの分身として、これを持っていってほしいんだよ。かならず役に立つはずだ」

ことわっては失礼になる。そう思ったケンはありがたく受け取った。

アスラ（Asura）

神々の敵対者である一族。もともとは神と同等の立場を持っていたが、神々だけがアムリタ（Amrita）と呼ばれる霊薬を飲んだために不死となった。騙されたアスラ族の多くはその後、神々の強力な敵となった。仏教では「阿修羅」と呼ばれる。

ブリトラ（Vritra）

「障害」という意味。水をせき止め、干ばつをもたらす人類の敵で、インドラ神の宿敵とされる。インドラ神がブリトラを殺しても、彼は毎年のように蘇って、攻撃を仕掛けてくるという。

ダディーチャ（Dadhica）

インドの大叙事詩『マハバーラタ』（神話）に登場する聖者。修行を重ねた結果、神と同様の霊力を持ったとされている。

トヴァシュトリ（Tvastri）

ヒンドゥ教のルーツとなったバラモン教の教典『リグ・ヴェーダ』に登場する技術・工芸神。

至上の武器チャクラ

苦行僧の一行と別れて東に向かう途中、立ち寄った村で興味ある噂を耳にした。近くの山中にたいへんな功得を積んだ修行僧がいるという。その名前はアガスティヤ仙。数千年も生きつづけ、海水を飲み干すほどの魔術能力の持ち主だそうだ。ケンとナナは山中に入り、アガスティヤ仙の庵を訪れた。

「どなたかな、わしの庵になにか用がおありかな」

「わたしたちは旅人でケンとナナと申します。アガスティヤ仙のご高名を聞き、ご挨拶に参った次第です」

「ケンとな。聞いておるぞ、闇の軍隊と闘っている若者じゃな。まあ、お茶でも飲んでいきなさい」

アガスティヤ仙自身の手で温かい紅茶が入れられた。ナナがたずねた。

「アガスティヤさまはたいへんな霊力の持ち主だとうかがいました」

「なに、わしはただの老人じゃ。知っておるかな、われら婆羅門[*1]は人生を四つの時期にわけている。まずは〝学生期〟師について学問する時期じゃ。次が〝家住期〟これは家に帰り、結婚して子供を育てる。そして〝林棲期〟子供が成長したら家を捨て、森の中で瞑想の日々を過ごす。そして最後が〝遊行期〟じゃ。聖地を巡礼しながら宇宙の根本原理を瞑想して死を待つ……つまり、わしは死を待つ乞食僧じゃよ」

ケンが質問した。

「アガスティヤさまは不死と聞きましたが……」

「さあ、どうかな。おまえは不死をうらやましいと思うのか」

「はい」

「苦しみも喜びも、すべて限りある生命だからこそと思わんか。死ぬことをなくした人間になにがある。それに自分ひとりが不死を得ても、たとえばおまえの傍らにいる女性に死が訪れる。自分は歳を取らずとも、愛する人は確実に老いていく……。そんな人生が楽

インドの聖人伝説

インドでは修行の成果として神々に匹敵する霊力を持った人間を「聖仙（リシ）」と呼ぶ。本来はヴェーダ（神への讃歌）詩人の呼び名であったが、ヴェーダ成立後は人間離れした境地に達した修行者への敬称となった。彼らは神の意志を人々に伝える役目を持ち、その霊力は神をも凌ぐ場合がある。聖人にまつわるいくつかの伝説を紹介しよう。

○アガスティヤ（Agastya）仙はダイナミックな伝説の持ち主だ。悪霊たちが神々に追われ

て海底に逃げ込んだことを知ると、海の水をすべて飲み込んでしまい、彼らの退路を塞いだのである。大叙事詩『ラーマーヤナ』の主人公で、インドの国民的英雄であるラーマ王子は、彼の庇護のもとに修行したとされる。

○ヴィシュヴァーミトラ（Visvamitra）という聖仙は、神に匹敵する霊力を得たにもかかわらず、さらに強力な力を得ようと苦行に励んだ。これを恐れた神々はラムバーという名前の天女（アプサラス）を彼のもとに送った。苦行には女性は厳禁である。もし、女性の愛を受け入れたら、いままでの苦行の成果はすべて台無しになってしまう。天界でも有名な美貌の持ち主ラムバーは、腕によりをかけて聖人に迫った。しかし、聖人はあわやというところで神々の陰謀に気がつき、怒って美女ラムバーを石に変えてしまったという。

○チヤヴァナ（Cyavana）という聖者は厳しい苦行で知られていた。あるとき、何十年も突っ立ったまま微動もしない苦行をしていた。身体は土に覆われ、まるで蟻塚のようだった。そこに王の一行が通りかかり、姫がこれを見つけて、光る両眼を蛍と間違えて、棒で突いた。両眼を潰されたチヤヴァナは怒り、王の兵士たち全員の大小便を詰まらせてしまったのだ。事態に気がついた王は聖者に詫び、原因を作った娘を妻として差し出したのである。彼はその後、アシュヴィン（Ashvinau）双神という医療をつかさどる神の力で若返り、幸せな結婚生活を送ったという。

しいか?」

ケンは言葉が出なかった。不死は古代から人間の夢であった。しかし、不死とうわさされる人物の言葉は重く響いた。不死は恩恵ではなく、むしろ責め苦に似ていると思った。アガスティヤ仙はケンの心を洞察して語った。

「理解してくれたようだの。人はとかく自分に持てぬものを望むものじゃ。さて、これから戦いに赴くおまえにやるものがふたつある」

そういってアガスティヤ仙は金属製の円盤をケンにわたした。

「これはチャクラという武器でな、シヴァ神の要請によって多くの神が集まり、神々の怒りの炎によって造られたもの。〝至上の武器〟といわれておる。……ただし不用意に扱ってはならぬ。わしは無益ないさかいは好まぬゆえ、人々のためにのみ使用するように……」

■チャクラ（Cakra）

ここでは武器としてのチャクラを紹介しよう。古代インドで使用されたチャクラは周囲を鋭利に研いだ円盤（チャクラ）で中央に穴があり、薄いドーナッツのような形をしている。神々の持物としても知られ、もっとも強力なチャクラはシヴァ神の持つチャクラである。このチャクラは多くの神々が結集して、口から怒りの炎を吹き出し、中心にいるシヴァ神が猛烈な勢いで回転、そして目もくらむような光の束から造りだされたとされている。

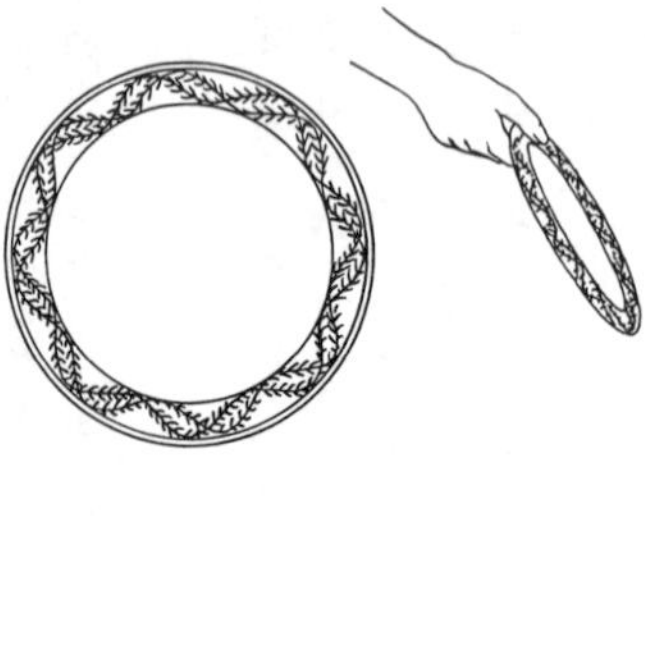

ケンはリング状になった円盤を握りしめた。外縁は鋭く研ぎ澄まされ、人間の造形物はすべて、そして大地までも切り裂くといわれるチャクラである。アガスティヤ仙はさらに言葉を続けた。

「もうひとつはマントラ（真言）じゃ。よく覚えるがいい。……オーム、アヴィシャッタをしてわが敵を殺さしめよ。われが憎み、またわれを憎むところの。われらが狂暴なる敵を、駆逐者よ、粉砕せよ。アヴィシャッタよ、勝利を博したる牡牛のごとく勝ちつつ、進むなれ、……オーム」

神秘の呪文は低く、静かに抑揚がつけられていた。微妙なバイブレーションはケンの腹の底にまで力強く響きわたった。

「アヴィシャッタとは菩提樹のことじゃ。敵対者に立ち向かうとき、菩提樹の実で作った数珠を持ち、このマントラを唱えなされ」

■菩提樹（Budhi-tree）

クワ科のインドボダイジュのことで、日本でいう菩提樹（シナノキ科）とは異なる。仏陀がこの木の下で悟りをひらいたことから、仏教徒の間では「悟り」「仏陀」のシンボルとして扱われる。しかし、古代インドからこの木は神聖視され〝森の王〟と称して聖具の材料、呪具に使用された。もちろん護符としても力を発揮するとされ、菩提樹の実は数珠にされて尊重された。ヨーロッパでもゲルマン人は菩提樹を崇め、中世ではこの木の下で裁判や祭り、忠誠の誓いなどがおこなわれた。

ヒンドゥ教の神々

ヒンドゥ教でもっとも重要とされる神はブラフマー（Brahma 宇宙創造神）、ヴィシュヌ（Vishnu 宇宙維持神）、シヴァ（Shiva 宇宙破壊・創造神）の三大神とされる。ただしブラフマー神は大衆の支持がなく、ヴィシュヌ神を信奉する〝ヴィシュヌ派〟とシヴァ神を信奉する〝シヴァ派〟の二大宗派が勢力を持っている。ちなみに仏教もヒンドゥ教の一分派と見なされる。

主要な神々を紹介しよう。詳細については『インド曼陀羅大陸（神々、魔族、半神、精霊）』（幣社刊）を参考にされたし。

ヴィシュヌ神（Vishnu）

世界の存続のために活躍するとされる神。世の中に悪徳がはびこると、化身して人間社会に出現する。神鳥ガルーダ（Garuda）を乗り物とする。

シヴァ神（Shiva）

ヒンドゥ教によれば宇宙は破壊と再生を繰り返す。シヴァ神は再生のための破壊をおこなう神で、バイラヴァ（Bhairava＝恐怖の殺戮者）の別名を持つ。

■ブラフマー神（Brahma）

宇宙の生命エネルギーとされるブラフマンを象徴した神。この世に存在するあらゆるものが、彼の創造したものとされる。

■ヤマ神（Yama）

死者の国をつかさどる神。善業を積んだ人間が訪れる天国の王である。仏教では閻魔大王と称される。

■インドラ神（Indra）

戦闘神、英雄神として知られ、ヴァジュラを武器に神々や人類の敵を退治するという。

■ドゥルガー女神（Durga）

シヴァ神妃とされる。悪魔や悪霊など、邪悪なものを攻撃する使命を持っている。豊穣をもたらす女神としての役割もあり、彼女に代表される地母神的なエネルギーは〝シャクティ（性力）〟として、信仰する一派を持ち、後の真言密教などに大きな影響をもたらした。

■アグニ神（Aguni）

火をつかさどる神。火はもっとも清浄なものと考えられ、ヒンドゥ教の儀式には欠かせない。

ラークシャサ

こう語りながら、アガスティヤ仙はなにかの気配を感じたようだ。

「おや、さっそくチャクラとマントラの効果を試さねばならんようだ。ケン、おまえがやってみなさい」

不穏な気配はますます濃厚になった。周囲を取り囲まれたようだ。突然、村人の姿をした男が数十人現れた。

「あのう、アガスティヤさまのお住まいはこちらで……」

アガスティヤ仙は笑いながら答えた。

「しかり。人間の姿に化けてはいるが、おまえがラークシャサであることは見抜いたぞ。不浄の身でわしになんの用があるのかな」

「お命、頂戴にうかがいました」

そういうと、村人と思えた男たちは変身した。動物と人間が混じったような奇妙な生き物の姿となって牙を剥いている。アガスティヤ仙がケンにのんびりと語った。

「ケン、この者たちはラークシャサ、つまり羅刹と呼ばれる生き物じゃ。狂暴極まりなく、自由に変身する能力を持っているので、なかなか手ごわい相手じゃぞ。ほら、これが菩提樹の護符じゃ」

ケンは護符を受け取ると頭に巻きつけて、さきほどのマントラを唱えた。ラークシャサたちは一瞬、戸惑った様子を見せた。しかし、憎悪に燃えた闘志は削がれず、一斉に襲ってきた。ケンは〝至上の武器〟チャクラを投げつけ

■ラークシャサ（Rakshasa）
悪鬼と訳される。仏教では羅刹《らせつ》と書かれる。人間に襲いかかる邪悪な存在で、たいていは夜間に出没して猫、犬、鷲、梟など自由に変身する能力があるとされる。本来は異様に鋭い目と長い尻尾を持つ、いやらしい獣の姿をしている。

た。チャクラは生き物のように飛んで二、三匹のラークシャサの身体を切断し、ブーメランのように手元へ戻ってきた。ケンは〝聖なる武器〟ヴァジュラも試したくなった。ヴァジュラを構えると一匹のラークシャサが向かってくる。そいつの頭をめがけてヴァジュラを叩き込んだ。そいつは頭が胴体にめり込んで昏倒した。激しい戦いが続いた。しかし、ヨーガで鍛えたケンの動作には無駄が一切なく、次々と襲いかかるラークシャサに痛恨の打撃をあたえていった。

夕刻、戦いが終わった。以前のケンならば敵をうち負かせた爽快感があったが、いまは虚しさだけが残った。アガスティヤ仙が声をかけた。

「どうじゃな、羅刹どもを退治した感想は。たとえ何者であれ、生命あるものを殺すのは辛かろう」

ケンはしずかにうなずいた。

＊一　**婆羅門**《バラモン》　インドには宗教的価値観に基づいた四つの社会集団、いわゆるカースト（caste）があり、婆羅門（司祭者）階級はその最上位のもの。宗教的指導者としての役割を持つ。カーストにはそのほかにクシャトリヤ（王侯・武士）階級、ヴァイシャ（農・牧・商業）階級、シュードラ（隷属民）階級がある。これらのほかに、カースト外の存在としてパリヤ（不可触民）がある。すべての階級は出生時に決められていて、途中でカーストが変更されることは原則としてない。

シーン 15

チベット魔術

タルパの術

ケンとナナはまっすぐ東に向かって歩きつづけた。山道にさしかかり、道はいよいよ険しくなる。ふたりはヒマラヤ山脈に近づいていた。インドとはいってもこのあたりはラマ教と呼ばれるチベット仏教の勢力範囲である。夕暮れ、ふたりは小さなラマ寺院に宿を乞うた。ロプサンと名乗るチベットの僧侶はこころよく部屋と食事を提供してくれた。食事はツァンパといって大麦の焦がしたものを挽いて、バターと塩の入った紅茶に溶かして食べるという質素なものだ。ところがふたりは不思議なものを見た。ロプサン師の弟子のような人があれこれと賄い事をしてくれるのだが、彼はひとことも口を開かず、驚いたことには影がないのである。バターを供した灯油の下では暗いとはいうものの、影というものがその男にはなかった。そのうえ、ナナが男の心を読み取ろうとしても、なにひとつ読めないのである。

ケンとナナは自分たちの事情を説明してから、その男についてロプサン師にたずねた。

「ほほう、あなたたちはなかなか霊力がおありになる。たいていの人には彼が見えないのです。実を申しますと、彼はわたしが作った幻なのですよ」

ロプサン師は丁寧にその作り方を説明してくれた。これは相当の霊力を持ったラマ僧にしかできないことで、未熟者が試みると幻影人間は主人に反抗し、ときには危害を加えるおそれがあるという。魔術はラマ教の教典を唱えることにはじまる。死んだ処女の大腿骨で作った笛と、頭蓋骨で作った鼓が必需品である。僧坊にひとりで座して鐘をならし、笛を吹き、教典を唱える。さらに思念を集中させて、秘密の儀式を執り行う。これの内容についてはロプサン師は教えてくれなかった。ラマ教の秘儀は部外者には固く門を閉ざしているのだ。僧侶たちはこれときめた師に私淑し、信頼を得た後に師の口から直接秘儀を伝授されるのがならわしである。

タルパの術

チベット仏教（ラマ教）に伝わる儀式魔術のひとつ。僧侶が数カ月間、僧坊に閉じこもり、曼陀羅のもとで思念を集中させ、呪文や音楽を伴う儀式をおこなうことで幻の人間を創出することができる。当然ながら優れた霊力の持ち主にのみ可能なことで、その存在は本人のみが知覚できるという。ただし、次第に製作者の命令に従わなくなり、時には人間に危害を加えるようになるという。

ヨーロッパにはドッペルゲンガー（分身）という言葉がある。直訳すれば「生者の幻影」となる。つまり本人が無意識のうちに分身が出現し、勝手に動き回るという現象だ。オカルト研究家ルイス・スペレスによれば〝肉体からエーテル体が分離する〟とされる。チベットに伝わるタルパの術は、この現象を任意に起こすことができる魔術といえるかも知れない。

チベット仏教 (Tibetan Buddhism)

チベット仏教は一般にラマ教と呼ばれるが、これは俗称である。チベット語のラマ（Bla Ma）は「生命の根源を託された人」という言葉で、具体的には「師」を意味する。密教ではとりわけ師弟関係が重視されることから、誤訳されたようだ。本書では日本の慣例に従い、ラマ教という言葉を使用する。

インドからチベットへ仏教が伝わったのは七世紀初めに起こった吐蕃《とばん》王国の時代。大乗仏教と密教が混合したもので、主要な経典は『チベット大蔵経』。シャーマニズムや呪術的要素の強いボン教と呼ばれる土着の民俗信仰などの影響を受け、また、タントラ教（ヒンドゥ教のドゥルガー女神を主神とする宗派。密教に影響を与えた）の性的奔放な面のみが強調されるなどして混乱するが、さまざまな宗教論争のすえ、十五世紀にツォンカパという僧が改革に成功した。彼は現世の利益のみを求める呪術を遠ざけ、戒律を重んじるなど、チベット仏教に新風を送った。いくつかの宗派が存在するが、ダライ・ラマ（二百五十六頁参照）は、ツォンカパの流れをひく。チベット仏教はモンゴル、中国東北地方、ネパール、ブータン、ラダック（インド北部）などへ広まった。

〈強烈な信仰心〉

本来、チベット仏教はインド仏教伝来の高踏的な立場をとる教団といわれる。しかし、民衆の視点で見ると、他の国の仏教とは大いに異なっている。なによりもチベット人たちの信仰心が非常に強く、信徒たちはダライ・ラマをはじめとする高僧に絶対的な信仰を寄せている。祭祀などで高僧が村を訪れると、人々は彼に触れられる恩恵を尊び、飲み残しの茶などは争って額につける光景が見られる。ダライ・ラマがチベットにいた頃は、彼の糞尿までが貴重な薬として扱われたという。〝鳥葬〟という習慣もチベット独特のものだ。これは高僧が死んだ際などに死骸の骨を砕き、麦粉を混ぜて高所に置いて鳥に食べさせる。祭祀のときに僧侶が使う笛に処女の大腿骨を使用したり、頭蓋骨の杯（頭頂部の碗状の部分の内側に銀を張る）を使うこともある。

寺院にもチベット仏教ならではの特徴がある。寺院の壁には極彩色の曼陀羅が描かれ、さらには仏法の守護神である忿怒尊《ふんぬそん》が首に頭蓋骨のネックレスをさげ、恐ろしい顔をして描かれている。また、性交によって、もっとも霊力が増すというタントラ教の教えそのままに、女性と性交している仏像が鎮座していることも珍しくない。呪術的要素を僧侶に求める傾向も強い。ともあれ、非常に民族的色彩の濃い仏教なのである。

マントラ

ロプサン師はケンたちに興味ある話をしてくれた。それは、ヒマラヤ山中の地下にあるといわれる理想郷〝シャンバラ〟のことだ。地下帝国シャンバラに住むのは優れた英知を持つ賢人たちであり、代々ひとりの王によって統治されている。彼らは世界に完全な平和が訪れることを常に祈っており、世界各地に邪悪な企みが起こると使者を派遣して、それを阻止するための工作をおこなうという。

ロプサン師はつづけた。

「だから、あなたたちの戦いには、きっとシャンバラの賢人たちが味方になってくれるはずです。探しなさい、シャンバラ王国を」

ケンが質問した。

「しかし、本当にそんな理想郷があるのでしょうか」

「信じなさい。この話は本当です。十一世紀の初め、インド密教最後の経典として成立した〝[*1]カーラチャクラ（時輪）・タントラ〟というものにきちんと記されているのですよ」

ケンたちの心は動いた。もし、賢人たちの理想郷シャンバラが存在するのなら、是非ともそこへいって助力を頼みたい。そう思った。

その気持ちがロプサン師に伝わった。彼は熱っぽく話を続けた。

「よろしい、本当にシャンバラがあることを実証しましょう。実はわたし自身、ヒマラヤでシャンバラの使者に出会っているのです。一九五一年、中国の人民解放軍が侵入してチベットは中国の領土となりました。彼らは〝宗教は阿片だ〟といって、徹底的にわたしら僧侶を弾圧しました。国王ダライ・ラマ十四世をはじめ、多くのチベット人はインドやネパールに脱出したのです。わたし自身も中国兵の追跡を逃れて、この山に避難しました。途中、ヒマラヤ山中でどちらが西だか東だかわからなくなってしまいました。途方に暮れているとき、シャンバラの使者が現れたのです。そして、彼はわたしを無事にここまで連れてきてくれました」

ケンはロプサン師に答えた。

「わかりました。わたしたちはシャンバラを目ざします。親切なご指導を感謝します」

翌朝、ふたりはシャンバラを目ざしてヒマラヤ山中に入っていった。出発間際、ロプサン師はアドバイスをくれた。

「いいですか、まっすぐ東に向かい、南の空が開けた場所に出たら、祈りなさい。何時間でも何日でも祈るのです。そうすればシャンバラの使者は必ずあなたたちの前に現れます。成功を祈っていますよ。それから大切な祈りの言葉を教えましょう。〃オーム　マニ　パドメ　フム〃です。これは短いけれど非常に効果のあるマントラです。『オーム　蓮の花に鎮座される宝石よ』という意味です。これは賢人たちに捧げる最大限の称賛なのです」

ケンとナナはシャンバラを目ざして歩きつづけた。

急な崖道を登りながら、ナナがふともらした。

「ケン、あのロプサン師、実はシャンバラの使者じゃないのかしら。どうもそんな気がするわ」

「ぼくもそう感じていた。彼はぼくたちを試しているのかも知れない」

■オーム・マニ・パドメ・フム

もっとも短いマントラ（真言）である。オームはオムとも発音される。信心深いチベット人は常にこの言葉を口にしている。その意味は「オーム、蓮華のなかの宝物よ」という意味だが、これは「不滅の真理」「信仰の崇高さ」を表している。「オーム」という言葉はヴェーダ聖典を唱える時や祈りの言葉を口にする際、必ず最初に唱えなければならないとされる〃聖音〃である。aumの三音はヒンドゥ教徒によればそれぞれヴィシュヌ神、シヴァ神、ブラフマー神という三大神にあてたものとされる。また「唵」として密教にも受け継がれた。その場合aumはそれぞれ法身、報身、応身にあてられた。三世諸仏はこの聖音によって成仏するとされた。

マニ車／忿怒尊

ケンとナナは険しい山道を何日も歩いた。万年雪を見て、自分たちが標高の高い場所に来ていることに気がついた。たぶん、もう中国側に踏み込んでいるのだろう。山のなかでは国境などというものは存在しない。厳しい寒さにロプサン師がくれた獣皮が役に立った。急坂を東に回り込むと、目の前、南側に雲海が広がっていた。

「ここがロプサン師のいっていた場所ね」

ナナの表情が明るくなった。たしかに彼のいったような風景があった。広場の隅に小さなチョルテン（仏塔）があり、そこが恰好の休憩場所となった。ふたりは少し休んでから、さっそくマントラを唱えることにした。夜になると枯れ枝を集めて暖をとり、肩を寄せあって祈りつづけた。

翌朝のことである。猟師のような逞しい男がこちらにやってきた。右手でマニ車を回し、弓矢を背負っている。

「おはようさん」

男は気さくに語りかけ、火の傍に腰を降ろした。ケンはシャンバラのことを尋ねてみた。

■マニ車
真言である〝オーム・マニ・パドメ・フム〟が書かれた筒で、その内部にも経文の書かれた巻紙が入っている。チベット人は赤ん坊のガラガラのような形のマニ車を片手で持ち、くるくる回すことで、真言を口にするのと同じ効果を得られるという。

「ははぁ、あんたもラマ僧にだまされたな。毎年、何人かは奴らに嘘を吹き込まれて、こんなところまでやってくるんだ。さあ、そんな馬鹿な夢を見ないで帰りなさい。遭難してしまうよ」

ケンの気持ちが揺れた。だまされたのかも知れないと思った。しかし、ナナには落胆の表情はなく、平然としている。猟師風の男は盛んに帰ることを勧めるが、ナナの気持ちはまったく変わらなかった。男は怒りだした。

「こんなに親切にいってるのに、わからんのか！」

「おかまいなく。わたしたちは使者を待ちます」

男の態度が豹変した。

「よし、どうせこのままでは遭難してしまうだろう。それならおれがもっと楽に死なせてやろう」

そういうと、男は、突然変身した。ラマ寺院で見た忿怒尊[*二]に似て、巨大な体躯に怒り狂った真っ黒な顔となった。そして、ナナに襲いかかろうとした瞬間、ケンは相手に魔術をかけた。金縛り[*三]である。男はストップ・モーションのように微動もできないでいる。そして、不自由な口で必死にはなした。

「……わかった。おまえたちの心を試したのだ。頼むからこの術を解いてくれないか」

ケンが冷静に答えた。

「いいだろう。ただし、おかしな振る舞いをしたらゆるさないぞ」

男はようやく自由になり、元の姿に戻って首にかけた数珠を外した。

「見てくれ。この数珠はわれらが偉大なる活仏（生き仏）、ダライ・ラマから頂いた宝なんだ。おまえが術をかけた途端、数珠がおれの首を締めつけたのだ。だから納得した。おまえは資格を持っているとな。しかも、相当な修行を積んだ者だ。ロプサンの言葉は本当だった。……さあ案内しようではないか、シャンバラ王国へ」

■仏塔

本来は釈迦の遺骨を納めた建造物のこと。サンスクリットではストゥーパ（Stupa）という。英語ではパゴダ（Pagoda）、日本語では卒塔婆《そとば》、チベット語ではチョルテンである。ただし、チベットの各所で見られる仏塔は遺骨が納められているわけではなく、経典や貴金属が納められている。仏塔への礼拝は仏陀を拝むことと同様と見なされ、仏教徒の信仰対象になっている。ちなみに日本の卒塔婆は、仏塔の形を模した板で作られ、墓石の背後などに置かれる。

■数珠《じゅず》

金属や玉石、種子、香木などで作った玉を糸で連ね、環としたもの。古代インドのバラモン教で使用されたとされる。仏教では仏を礼拝するときに使用されるが、真言を重んじる密教では、真言や呪文を唱えるときに回数を数える役目を持つ。数珠に用いられる玉の数は宗派によって異なるが、その基本は百八個とされる。これは人間が百八の煩悩を持つとされることに由来する。

■ダライ・ラマ (Da lai bla ma)

一六四二年にチベットの国王兼主権者となった、チベット仏教ゲルー派の宗主に対する称号。ダライ・ラマは観音菩薩の化身が転生しているものとされ〝活仏《かつぶつ》（生きている仏）〟としてチベット人の厚い信仰を受けている。その居住地は現在の中国チベット自治区の首都ラサにあるポタラ宮。現在のダライ・ラマは十四世で、一九五九年以降、中国と対立してインドに亡命、現在はインド北部のダラムサラを拠点として宗教活動を続けている。

＊一　**カーラチャクラ・タントラ**　チベット仏教のなかでもっとも高邁な教えとされる経典。意味は「時の輪の教義」で、日本では「時輪タントラ」と呼ばれる。

＊二　**忿怒尊《ふんぬそん》**　仏教の教えを守護することを目的に作られた〝守護神〟の役割を持つ神像。

＊三　**金縛《かなしば》り**　金属の鎖で縛られたように、身動きできなくなること。一般的には心理的な要素によるものだが、本文の場合はケンの霊力が作用したと思われる。なお、修験道（後述）には〝金縛りの法〟という魔術がある。

第六章

チベットから中国へ向かう。悠久の歴史を背景に仙人が活動し、無数の精霊が跋扈する。神仙道は道教を生み錬丹術は皇帝たちをとりこにした。

シャンバラ、第三の眼、トゥラ魔術、チベットの占術、神仙道、仙人、桃の護符、禹歩、五禽戯、辟穀、調息、水上歩行、悪霊撃退法、蛟、占風術、望気術、錬丹術、魑魅魍魎……。

シーン 16

シャンバラの郷

理想の郷

ケンとナナはシャンバラの使者に出会えたのである。使者の案内で幾つかの山を越え、小さな渓谷に踏み込むと、急に周囲の雰囲気が変わった。気がつくと雪が消え、春の草花が咲いている。そして、目の前に城砦のようなラマ寺が出現した。入口に到着すると男がいった。

「さあ、入りなさい。余所者がこの門をくぐるのは百年ぶりだ」

城砦の内部は小さな町そのもののようだった。城の真ん中を横切って商店や飲食店があり、周辺には田畑が広がっている。働く人がいて、談笑する人がいて、うたた寝する人がいる。そんな、ひなびた村里の様子を見て、ケンはほっとした。賢人たちが住む理想郷とはどんな場所かと緊張していたのだ。しかし、ナナの印象は違っていた。

〝心のなかが読めないの〟

ナナは不安げにケンの心につぶやいた。

〝どういうことなの〟

〝複雑すぎるのか、それとも赤ん坊のように単純なのかわからないけど、わたしにはこの人たちの心が見えないのよ〟

使者はケンたちを城砦の中央に位置する建物に案内した。

「さあ、われらの指導者、ロプサン・リンポチェを紹介しよう」

部屋の奥に座っているのは、あのロプサン師だった。彼は笑いながら語った。

「驚かれたようですね。シャンバラ王といえば白髪で鶴のように痩せた老人を想像しましたか。ここでは王といっても持ち回りで、たまたま今はわたしがその役目をしているだけです」

神智学（Theosophy）

本来の意味は〝神や天使からの啓示を察知し、認識するための学問〟であったが、その意図するものは時代にともなって変化し、ブラバツキーが一八七五年に創設した神智学協会（Theosophical Society）では、次のようにとらえた。

古代から宇宙と人間の起源についての秘密は特定の人々に伝授されており、世界各地の宗教は、その秘密を基礎に生じたもの。今こそその秘密を公開し、宗教間の対立を越えて、本質的な神の英知を学ぶ時だとする。そのためには、人種や宗教、身分などを超えた〝友愛精神〟を持ち、世界宗教の比較研究をおこない、人間の内に潜む神的な力を研究・開発すべきだという思想である。レーリヒの考えた〝心霊的な世界連邦〟も同様の思想のもとに発想したもの。

アジア人の理想郷

理想郷を求める気持ちは世界共通である。イスラム世界の楽園〝エデンの園〟はキリスト教徒に受け継がれ、トマス・モア（Thomas More 一四七八～一五三五）の『ユートピア』、カンパネラ（Tommaso Campanella 一五六八～一六三九）の『太陽の都』など文学にも数多く登場する。アルカディア、キサナドゥも〝理想郷〟を意味している。数多い理想郷のなかで、アジアで語り継がれてきた伝説をいくつか紹介しよう。

■桃源郷《とうげんきょう》

中国の詩人陶淵明（三六五～四二七）の『桃花源記』によって紹介されたのが最初。山中で道に迷った男が桃林に迷い込み、谷川の水源である洞窟をくぐり抜けると、数百年間も外界との交流を絶っていた山里にたどり着くという話。男はこの地をいったん離れると、そこには二度と戻れなかった。

■蓬莱山《ほうらいさん》

中国の道教・神仙思想における〝蓬莱山〟も理想郷の一種である。そこは仙人たちが暮らす島で、不老不死の霊薬が生えていると信じられた。東海中にあり、巨大な亀がこの島を乗せている。秦の始皇帝はこの島を求めて徐福（じょふく、じょふつ）を派遣したという。

■補陀落山《ふだらくさん》

本来はインド南部にあるとされた観音浄土〝ポータラカ〟がルーツである。仏教とともに日本に入り、熊野の南海岸一帯を補陀落世界の一部と考えるなど、各地で補陀落信仰が起こった。そして、さらに南の海上にある〝南補陀落〟へ渡ろうと、生命を賭けて船出する〝補陀落《ふだらく》渡海《とかい》〟が熊野や四国でおこなわれた。

シャンバラ (Shambhala)

　時輪マンダラなどに紹介されたシャンバラ王国とは、仏教に深く帰依する人々が暮らす地下王国で、徳の高い国王を戴くという、いわゆる仏教の理想郷とされる。そして、世界中に悪徳がはびこり、世界規模の大戦争が起こると、国王は彼の軍隊を地上に送り出す。彼らは戦争を勝利に導き、その後は永遠の黄金時代が訪れるとされる。この伝説が西洋社会に伝えられたのは十七世紀、イエズス会の伝道士による布教報告が最初だった。しかし、シャンバラの名前が有名になったのは十九世紀の有名な魔術師ブラバツキー（一八三一～一八九一〝近代の魔術師たち〟百十四頁参照）の貢献が大きい。彼女はチベット山中でシャンバラの賢者マハトマの教えを受け、使命を与えられたとして神智学運動（同項目参照）を世界各地で展開したのである。二十世紀に入ると同じくロシアの神秘思想家レーリヒ（Nikolai k Rerikh 一八七四～一九四七）がシャンバラ思想を展開し、心霊的な世界連邦の樹立を目指して活動した。その結果、シャンバラは〝理想郷〟というイメージを世界の人々に与えることになった。ちなみに、理想郷と同意味の言葉〝シャングリラ（Shangrila）〟はJ．ヒルトン（James Hilton 一九〇〇～一九五四）の小説『失われた地平線』に書かれたもので、シャンバラをモデルにイメージしたものである。

第三の眼

ケンとナナは詳細にことのあらましを説明した。ロプサン師はうなずいてから語った。
「わかりました。わたしたちも闇の軍隊の行動には心を痛めておりました。あなたがたに全面的な協力をいたしましょう。……ケン、あなたの能力は非常に高いものですが、さらに強力な備えのため、ラマ教に伝わる秘術を伝授しましょう。〝第三の眼〟というものです。身体に傷をつけますが、かまいませんか」

快諾したケンに、さっそく準備がなされた。額の中央に薬草を貼られて数時間後の深夜、ラマ僧たちの読経のなかで〝秘術〟がはじまった。まさに外科手術である。頭を固定されたケンの前に医学僧が座り、額の中央に鋼鉄製の錐で小さな穴を開けるのだ。麻酔のたぐいは一切使用してはならないという。……鋭い痛みが襲った。頭の中に真っ白い火花が飛んだ。ロプサン師の呪文が遠くから聞こえてくるのを感じた途端、ケンは意識を失っていった。

ケンは施術後の三日間、真っ暗な部屋に寝かされた。四日目の朝、額に巻かれた包帯がほどかれた。そこには眼というよりも一本の傷跡が縦に二センチほどの長さでついていた。ナナの心配そうな顔があった。奇妙なことにナナの身体が金色の炎で包まれている。

ロプサン師の身体も同じに見える。

「ロプサン師、あなたの身体が燃えているように見えます」

師は微笑みながら答えた。

「なるほど、施術は成功したようです。あなたが見ているのは人間の霊気、つまりオーラと呼ばれるものです。一般に徳の高い人間のオーラは輝いて、よこしまな人間は縞模様や嫌な色に見えます。第三の眼が与えてくれるのはそれだけではありません。閉じられた書物や消された文字も見えます。また、第三の眼で目的地を想えば、瞬時のうちに到達することが可能です。……あなたの潜在能力を引き出したのです。人間は本来、第三の眼を持っていました。しかし、世の中に邪悪な心が広まり、神はこの眼を封印してしまったのです。ですから心がけてください。第三の眼を個人的な目的に使用することは厳禁します。神の意向に背くからです。世界の安寧のためにだけ、この能力を活用なさい」

ケンは納得した。ロプサン師によれば、生まれながらに第三の眼を持つ者もごく少数存

第三の眼 (The Third Eye)

一九五一年、チベットは中国によって〝解放〟され、大勢のチベット難民がインドはじめ世界に散った。そんな時代にイギリスで一冊の書物が出版された。『第三の眼』と題され、た

ちまちのうちにベストセラーとなった。そこには、西洋社会には神秘に包まれたチベット貴族やラマ教徒の生活がいきいきと紹介されていた。しかし、もっとも人々が注目したのは亡命チベット人とされる著者自身が、八歳の時に僧院で受けたという不思議な手術だった。彼は超能力を得るために額の中央にドリルで穴を開けられて〝第三の眼〟を獲得したのである。彼はその結果、彼は優れた透視力を持ち、それればかりか超記憶力、空中飛行、テレパシーなどの力を得たというのである。

あまりの反響の大きさにマスコミは著者探しに熱中し、ようやく探しあてた人物はさらに驚異の的であった。彼は亡命チベット人なんかではなく、れっきとしたイギリス生まれのシリル・ホスキン（一九一〇～不詳）という人物だった。彼は告白した。

「自分の前世はロプサン・ランパというチベット人で、庭で転んだ拍子に失っていた前世の記憶が蘇ったのだ」

この話は当時のイギリス社会ではとうてい受け入れられないものだったが、彼が著述したチベット人の生活やラマ僧院の話は、学者たちによって正確なものと判断されたのである。したがって、不思議な〝第三の眼〟もチベット仏教の秘儀と考えるのが妥当だろう。ちなみに現代中国では額に紙片を当てて、その内容を読み取る〝超能力〟を持つ子供たちが存在する。

オーラ（Aura）

第三の眼によって得た透視力は、西洋社会ではオーラと呼ばれるものである。オーラとは人体から発する霊的な放射体である。身体を取り巻く光の雲のような存在で、人体の周囲数センチから一メートルほどの厚みがあるという。通常は超能力者にしか見ることはできないが、旧ソ連の電気技師セミヨン・キルリアン（Kirlian）夫妻によって低感度のフィルムに撮影することに成功した。

研究の結果、すべて生命あるものはオーラを発するが、人間の場合はその人の健康度、精神力などに応じて色彩や強度が変化することが認められた。聖人の場合は濃い青紫色、キリストのような存在は輝く星の色、誠実な人間は緑と青、利己的な人間の場合は灰色のオーラを持つという。『第三の眼』でも、僧侶は青いオーラを発し、癇癪を起こしているとそれに赤い斑点が混じるという。ちなみにチベットを〝解放〟した中国使節団員のオーラは暗い赤の混じった黄白色をしていたという。

在するという。超人とか聖人と呼ばれる人々だ。彼らと同等の能力を持ったことをケンは躊躇した。自分が〝聖人〟と呼ばれるような人間ではないことを知っているのだから。ケンの不安をナナがなだめてくれた。

「だいじょうぶよ、ケン。闇の軍隊と戦うあなたは聖人だわ。……それにこの戦いが終わって、もしあなたが生き残れば、きっと第三の眼はまたふさがってしまうと思うの。そうしたらあなたはただの高校生よ。どこにでもいるようなね……」

トゥラ魔術

日がたつにつれ、ケンの額の眼は小さな傷のようになり、気にならなくなった。ケンとナナはさらに東に向かう旅を続けることになった。出発の前の晩、ロプサン師はチベット伝統の占術を披露してくれた。それはトゥラ占術というものだ。師はラマ僧のなかでもっとも優れたトゥラパ（トゥラ占術師）として知られていた。

トゥラ占いは幻影を造って、そこに表現されたさまざまのものから未来の予知をおこなうというもので、一般的には磨かれた鏡や湖水の表面などを利用するのだが、ロプサン師の場合は親指の付け根を使う。師はまず、親指を赤く塗り、蜜蝋に浸す。そして、部屋の照明をさえぎってバター[*二]・ランプをひとつだけ灯した。意識を集中し、呪文が唱えられる。

チベットの占術

本書でロプサン師がおこなっている占術はトゥラ占いと呼ばれるものである。占い師はトゥラパと呼ばれ、精神を集中させるために想念やイメージを払いのけ、特定の神を対象にしたマントラ（真言）を唱える。やがて忘我の状態が起こり、それが深まるにつれてヴィジョンが出現する。そのスクリーンは磨かれた鏡や静止した水面、よく晴れた空などである。もちろんロプサン師のように親指のつけ根を使用することも珍しくない。

出現するヴィジョンは人間、自然の風景、文字など具体的なもので、一般の人間も見ることができる。トゥラパは人々の質問に即して、このヴィジョンの象徴的意味を解釈するのである。解釈が疑わしかったり、

不正確だと、トゥラパは再度ヴィジョンの出現を試みる。これは三回に限っておこなわれるという。

チベットではトゥラ占いは絶対的な信用を持っている。十三世ダライ・ラマが亡くなった後、その生まれかわりとされる現在のダライ・ラマ（十四世）を捜すときも、このトゥラ占いを根拠にしたのである。

チベットにはこのトゥラ占いをはじめとする各種の占術がある。多くはチベットに仏教が招来する前から存在したものだろうと思われる。

トゥラ占い	僧侶によっておこなわれる占術。鏡などにヴィジョンを映し出し、そこから未来の出来事や吉兆を読み取る。
ダーモ占い	矢を二本使用した占術。液体の中に矢を立て、その動き方で判断する。
テンワ占い	数珠を使用した占い。
ショモー占い	サイコロを使用し、その出目によって吉兆を判断する。
マルメタグバ	バター・ランプを使用し、炎の動きや燃え方によって占う。
チャログキケー・タグパ	鳥占いの一種である。鳥の行動を観察する未来予知。

……やがて師の意識が混濁し、忘我の状態となった。ロプサン師は親指を突き出してケンたちに向けた。ケンの目には親指の付け根が大きなスクリーンのように見えた。そして、ヴィジョンが出現した。……山水画のような景色の中央にあずまやがあり、白髭の老人がいる。彼は膨大な書物に埋もれるように座り、筆で小さな板に文字を記している。背後には巨大な龍[*二]がとぐろを巻いてうずくまっている。そして、老人は顔を上げてケンを手招きしたのである。

意識を取り戻したロプサン師はケンに説明してくれた。中国では龍は王者のシンボルである。書物は古代から伝わる知恵を象徴し、小さな板は桃[*三]の木で、それは中国伝統の護符を意味しているという。

白髭の老人、つまり知恵の伝承者がこちらに手招きしているということは、ケンには中国の伝統的な秘術を習得する必要があるということなのだ。説明を終わってからロプサン師がもらした。

「不思議だ。ふつう、ヴィジョンはこれほど鮮明には出てこないんです。まるで向こう側からこちらを見ているような気がしました。もしかしたら、あの老人は実在の人物で、こちらのヴィジョンに割り込んできたのかも知れません。だとしたら、たいへんな修行を積んだ術者です」

ナナが心配そうな声を出した。

「あの老人が〝闇の軍隊〟の味方という可能性はありませんか？」

「その心配はないと思います。龍は賢人にのみ飼うことができるとされているからです。もし、あの老人の心に邪悪なものが潜んでいたら、龍がその邪気を感じて、どこかに飛んでいってしまうはずです」

ケンが口をはさんだ。

「龍というのは敏感な生き物なんですね」

「そうです。……それから、あなたには素晴らしい能力が備わっていることを忘れないでください。第三の眼を信じるのです」

「その通りでした。わたしは自分にあたえられた力を信じます。第三の眼がわたしの最適な案内役だと――」

「信頼は偉大な力です。あなたが、自分の力を信じることこそ、あなた自身のエネルギーを生み出す原動力なのですから」

＊一　バター・ランプ　カシミールやネパールなどの高地に住むウシ科の哺乳類、ヤク（Gyak）のミルクから採ったバターを燃料としたランプである。

＊二　龍　中国文化圏で知られている伝説上の動物。賢者や王のシンボルであるとともに水に関係ある霊獣。（〝中国の幻獣〞二百八十一頁参照）

＊三　桃の木　魔力があるとされ、護符などに使用される。（〝中国の護符〞二百八十六頁参照）

シーン 17

中国神仙道

仙人

ケンは出発にあたって、自分に備わった第三の眼の力を試してみた。まず、ロプサン師のトゥラ占術に出現した白髭の老人の姿を想像した。そして、老人の前にいる自分とナナを想像したのである。すると、ふたりの身体が地上すれすれに浮き上がったかと思うと、ものすごい速さで滑るように動きだした。普通の人間の目には、小さな竜巻のように見えたかも知れない。数分後、ケンとナナは豪壮な宮殿の前に立っていた。周囲には中国人や外国人がたくさんいる。旗を持ったガイドがグループを先導している。

「ここは北京にある故宮よ。革命前までは歴代皇帝の宮殿で、いまは博物館になっているところだわ」

ナナの声でケンも理解した。しかし、なぜこんな場所に来てしまったのだろう。第三の眼のコントロールが未熟だったのだろうかと思った。だが、ひとつの建物の扉を開けたとたん、自分の空中飛行が正確だったことを知った。

ヴィジョンで見たとおりの老人が暗い室内にいたのである。周囲には古い書物が山のように積み上げられている。老人の身体を眩いような白色のオーラが包んでいる。オーラが見えなければ、ケンはこの人物をただの老人と思っただろう。しかし、白色のオーラはよほど優れた人間でなければ現れない。市井に暮らす、ただの凡人のなかにこそ優れた仙人がいると聞いたことがある。見かけではないのだ。

「おう、やって来たな。ヒマラヤは寒かったじゃろう。まあ、座りなされ。お茶でも進ぜよう」

穏やかなまなざしで、旧知の間柄のようにふるまう老人を見て、ケンとナナは警戒心を解いた。

「なに、この部屋には観光客は入らないから心配はない。なにしろ彼らには入り口が見えないのじゃからの。……わしはおまえのことをずっと観察していた。エジプトからイギリス、アフリカ、ギリシャ、そしてインドやチベットで修行したことも知っておる。そして、なかなかの魔術を身につけたこともな。しかし、闇の軍隊は狡猾で、あくどい魔術にたけた連中ばかりじゃ。このままおまえが闇の軍隊の主力と正面からぶつかれば、正直いって勝ち目はない。なぜならば、おまえに欠けているものがあるからじゃよ。……それは、おまえの心には自然に溶け込み、流れに身をまかせるという意志が希薄なのじゃ。われらがタオ（Tao＝道教）の創始者、老子さまは『無為自然』とおっしゃった。およそ肉体あるものはみな、生成消滅する。それは自然の理というものに則っているのだ。だから、自然の理を理解し、それに逆らわない生き方、つまりは道（方法）を会得することを説かれたのじゃ。人は自然の理法に則った生き方をしなければならないということじゃ。さすれば、おのずから道は開けてくる。これが道教という教えだ。わしはそれを伝授しようと思っとる。いかがかな、わしについてくるか？」

思わずケンはうなずいていた。強風に逆らう大木よりも、身をまかせてしなる柳の小枝の方がむしろ強靭だということは、過去の戦いのなかで体験していた。タオの会得とは、ちょうど目の前の老人のように穏やかなまなざしを持つことだと思った。老人の名前は朴子といい、道教の理論家、葛洪《かっこう》の流れを汲む人物だった。そして〝上仙〟という仙人のなかでも最高位にランクされていることを後で知らされた。

神仙道

神仙思想は戦国時代（紀元前五世紀～三世紀頃）に中国で生まれた〝超人〟思想である。神仙とは生死を超越し、神に近い存在となった人間を指している。不老不死や空中飛行はもちろんのこと、鬼神を使役したり国の吉凶を予知するなど、魔術の最高峰に位置する能力を持つ存在である。神仙、つまり仙人の思想は「東海上にある蓬莱山という島は超人たちが暮らしている」という当時の山東半島の伝説がルーツになっている。そして、方士《ほうし》（魔術師兼錬金術師）たちが当時の権力者に近づき、さかんにその存在を宣伝したことが引き金となって、広く大衆に受け入れられるようになった。

秦の始皇帝（紀元前三世紀頃）は蓬莱山の調査のために徐福という方士を派遣し、漢の武帝（紀元前一五六～紀元前八七）もまた仙人探索に血道をあげ、宮廷では優れた方士を厚遇した。国内には数万人もの方士が活躍していたという。

当時、仙人は生まれつきその素質を持つ人間が、仙人の住むという山中に入り、祭祀をおこなうことによって成就するとされた。仙人は人間の姿ではなく、半人半獣、動物と人間が合体した姿でイメージされていた。そして、仙人の超能力の秘密である丹薬（仙薬）を入手して服用すれば、不老不死になれると信じられた。ところが道教思想が広まると、仙人像は大衆的なものに変貌していった。それは白髭を長く伸ばした老人の姿をして、雲に乗り、人里離れた神山で丹薬を探し、時折人間界に現れては霊験を示すとされたのである。それとともに仙人になる方法も変貌した。欲望を慎み、仙人が望むような人間像に近づくための各種の修行を重ねることによって、仙人が恩恵をもたらしてくれると考えるようになった。高貴な生まれ育ちは関係なく、庶民の出身でも仙人になれるとされたのだ。こうして道教の中心部に神仙思想が根を下ろしたのである。

中国の神仙思想、道教の神々、仙人と仙術については『タオ（道教）の神々』（幣社刊）に詳しく紹介されている。興味のある方には一読をお勧めする。

仙人伝説

仙人をめぐるエピソードは数々ある。『列仙伝』『神仙伝』といった仙人の伝記を読むと、仙人たちの行動パターンが浮かび上がってくる。彼らは自由を好み、正義を重んじ、派手なパフォーマンスを演じてみせる茶目っ気も持ち合わせている。一般に仙人は三種に分けられる。「天仙」「地仙」「水仙」である。天仙は天上界に昇った仙人であり、当然ながら空中飛行はお手のものだ。地仙はこれより少しランクが落ち、天上界には昇れずに地上で暮らす仙人、水仙は湖や河川に住む仙人のことである。道教教典『雲笈七籤《うんきゅうしちせん》』では、さらに詳しく分類している。仙術の能力に応じて上位から順に上仙、高仙、玄仙、天仙、真仙、神仙、霊仙、至仙となっている。次に仙人のエピソードをいくつか紹介しよう。

東方朔《とうほうさく》

漢の武帝に仕えた東方朔は博識で知られ、およそ彼の知らない物事はないとされた。武帝（紀元前一五六〜紀元前八七）の東方旅行の際、函谷関のあたりで怪物にいく手をさえぎられるという事件があった。そのとき東方朔が進み出て、怪物に酒を振りかけたのだ。すると怪物はあっという間に消えていった。驚いた武帝に彼はこう説明した。「この怪物は患《かん》といって、人間の憂鬱が生じたものです。この土地は秦の時代の監獄だったと思われます。それで憂鬱が集まったのです。酒は憂鬱を晴らす妙薬、だから怪物は消えたのです」

武帝の宮廷に仙界の女王・西王母が来臨したことがあった。武帝や家来たちが同席したが、東方朔はこそこそと隠れてしまった。それを見て西王母は笑いながら語った。「あの坊やはわたしの播桃《ばんとう》を三個も盗んで食べた、いたずらっ子だよ」

播桃とは仙界に実る、不老不死をもたらす果物のことである。これを聞いた武帝は、東方朔が仙界の住人であることを確信したのだ。

左慈《さじ》

揚子江北岸の出身とされる左慈は占星術、変身術、錬金術の達人として知られていた。三国志にも登場する魏の創立者・曹操（一五五〜二二〇）が彼を宮殿に招待したことがあった。現れた左慈は斜視で片足を引きずり、まるで乞食のような服装で曹操の前に立った。曹操は彼の能力を疑い、石作りの部屋に監禁して食料を一切与えなかった。一年後、左慈を引き出してみたところ、彼は顔色もよく、元気いっぱいなのである。驚いた曹操は魔術の奥義を教えろと迫るが、彼は口を開こうとしない。曹操は怒り狂い、徹底的に拷問をしたものの、左慈は平然として答えた。

「わしは十年間、飲まず食わずでもなんでもない。また、一日に千頭の牛を食べても満腹にはならないのだ」

ある日、曹操の宴会中に左慈が牢から抜け出してきて、来客たちの前で季節外れの珍味や龍の肝などを出現させる魔術を披露した。そして、杯に酒をついで曹操に差し出したが、彼は恐れて飲まなかった。左慈は杯を空中に放ると、杯は白鳩に変わって宮廷を飛び回った。驚く人々を尻目に左慈は姿を消していたという。

哪托太子／魑魅魍魎

ケンはナナを北京に残したまま、朴子とともに泰山に入った。この山は中国五岳のひとつで、仙人修行の場として知られている。朴子の庵に到着すると、周囲に邪悪な霊気が満ちている。もちろん朴子も瞬時に異変を察知した。林の中から異様な姿をした妖怪が次々と姿を現した。

「ケン、こいつらは山中の化け物どもで、魑魅魍魎《ちみもうりょう》と呼ばれている。邪悪な連中だから用心なされ」

ケンは朴子を防御する態勢をとると、アグラの小剣を抜いて気合もろとも振った。轟音とともに何匹かの妖怪は消滅し、二度目の攻撃で彼らは完全に姿を消した。

「たいした連中ではないですね」

そういいながらケンが朴子を振り向くと、朴子の前にひとりの子供が立っていた。朴子は厳しい視線を子供に向けている。

「上仙、ぼくをにらまないでください。悪さに来たんじゃありませんから」

朴子は怒鳴った。

「だまれ、哪托《なた》。おまえの狙いはわが弟子、ケンだな」

「お察しですか。ぼくはその若者を倒すつもりで来たのです。上仙には迷惑をかけませ

■哪托太子《なたたいし》

殷の紂王《ちゅうおう》（?～紀元前一〇二七）に仕えた勇猛果敢な武将・李靖の息子として生を受けたとされる。しかし、これには背景がある。当時、地上に多くの魔神が悪さを働き、それを憂いた天の神々が魔神退治に大羅仙という戦闘神を送り込むことを画策したのである。つまり、哪托太子は大羅仙の転生した姿なのである。したがって、普段の哪托太子は子供の姿であるが、いったん怒ると身長二十メートル、三つの頭と九個の目玉、八本の腕を持つ恐ろしい大羅仙の姿に変身するのだ。子供の姿の哪托太子自身、異常な才能の持ち主で、七歳にして「風火車」という戦車を発明し、戦場では連戦連勝の武勇を誇っている。彼は中国伝説の人気キャラクターで、孫悟空の活躍する『西遊記』や鬼神総出演の小説『封神演義』にも登場する。また、十三世紀に北京の都を建設した際、水不足で悩んだ建築家の前に出現し、井戸を掘る場所を教えてくれたとされている。

んから、やらせてください」

そういうと、子供はケンに向き直った。

「ねえ、きみ。ぼくと腕くらべをしてみませんか」

子供に面と向かっていわれては、ケンは苦笑いするしかない。朴子がケンにいった。

「ケン、あなどってはいかん。彼は哪托太子といって中国では五本の指に入る戦士だ。変身すると巨大になり、手もつけられないほど凶暴な性格の持ち主なのだ。どうも闇の軍隊の仲間入りをしたようだ」

子供は突然に変身した。身長は二十メートルにも及び三個の頭と八本の腕、その一本ずつには鋭利な凶器が握られている。ケンは思わず小剣の一撃を加えた。ところが、哪托太子は簡単に払いのけ、矢継ぎ早に剣を繰り出してくる。ケンは必死で次々と魔術攻撃をかける。しかし、哪托太子はことごとくかわして剣をうち降ろすのである。ケンは第三の眼のパワーを使おうと考えた。心臓に狙いをつけて、第三の眼から強力な念を送った。これには哪托太子もぐらつき膝を落とし、目から凶暴な光が消えた。そして、みるみるうちに元の子供の姿に戻っていったのだ。

「やめたっと。ぼくには勝てそうもないよ。きみは見かけによらず強いんだね。感心したよ、これからはきみの味方になろうかな」

そういうと、出現したときのように、すうっと消えていった。ケンは思わぬほめ言葉に拍子抜けしてしまったものの、当面の危機が去ったことに安堵した。

■魑《ち》魅《み》魍魎《もうりょう》

山や川などに住む化け物の総称。具体的には魑《ち》とは虎に似た妖怪、魅《み》は猪頭人身の怪物、魍魎は水や川、岩などの精霊を指す。

中国の幻獣

中国の伝説・神話に登場する〝幻獣〟というのは、神性を持つ怪物という意味で、その代表格に〝四獣〟があげられる。古代中国の天文学では、宇宙を四方に分け、それぞれの方向を守護する霊獣（つまりは幻獣）をあてた。東には青龍、西に白虎、南には朱雀（鳳凰鳥）、そして北に玄武（亀と蛇の合体した獣）を配したのである。このなかでもっとも有名なのは龍である。龍は中国人のシンボル的存在で、歴代皇帝や賢人は龍の化身とされ、すべての漢民族は龍の子孫という考え方を持っている。民間伝説では、龍は海、河など水に関係する守護神で、雨や洪水、干ばつなどをつかさどる神として人々の信仰対象となった。麒麟《きりん》もまた霊獣で、聖人がこの世に現れる前に出現するとされる。ちなみに麒は雄、麟は雌である。

シーン 18

仙人修行

〝気〟を養う

修行が始まった。いずれも初めてのことばかりで、ケンには面食らうことが多かった。

「いいかな、万物はすべて陽と陰、ふたつの気から成り立っている。したがって、気を養うことこそが修行なのじゃ。まずは〝叩歯《こうし》と嚥津《えんしん》〟〝五禽戯《ごきんぎ》〟から始めなされ。次に〝禹歩《うほ》〟〝辟穀《へきこく》〟〝調息《ちょうそく》〟を伝授しよう」

〝気〟とは宇宙に充満する生命エネルギーのようなものだ。人間の性格や幸・不幸、さらには社会の変化などはすべて陰と陽の〝気〟の混じり合いから生ずるとされる。したがって仙人の修行とは、なによりも自分自身の気の質を高め、さらには自在にコントロールすることを目的としたものである。

〝叩歯〟とは簡単にいえば歯をかみ合わせることである。〝嚥津〟は唾液を飲み込む方法だ。身体の中の気を充実させるために古代より考えられたテクニックだという。

〝五禽戯〟は二世紀後半の医師、華陀によって編み出された養生法だ。虎や鹿、熊など野生動物の身体の動きを参考にして作られたもので、ひとつひとつの動作がケンの身体に精気を与えてくれた。

〝禹歩〟は敵から受ける魔術を防御するための特殊な歩行方法で、高度なテクニックを必要とする。

〝辟穀〟は『仙人は霞を食う』伝説のルーツともなった食事法。五穀を断ち、身体に三箇所ある『丹田』を活性化させる働きを持つという。

そして〝調息〟というのは外部の『気』を体内に取り入れるための呼吸法といえるだろう。

気を養う

たまたま丹薬を飲んだり、仙人に好感を持たれるなどして一般の人間が仙人になる方法があるが、これではあまりにも偶然に頼りすぎる。道教の教義には、修行を積み重ねることによって仙人になれる、あるいは近づく方法がいくつか記されている。以下に紹介するものは〝気（生命エネルギー）〟を養うという中国独自の思想を実践するもので、日常の健康法であると同時に仙人修行につながるものである。

叩歯《こうし》と嚥津《えんしん》

叩歯というのは歯をかみ合わせること。嚥津は唾を飲み込むこと。いずれも長生きのための健康法であるとともに、邪鬼封じや呪文の効果を高める意味がある。朝、起きたら直ぐに音が響くように三百回かみ合わせ、ついで口の中に溜まった唾をぐいと飲み込む。唾は体内の〝気〟を含んでいるので、なるべく外へ出さないようにする。ちなみに左奥歯をかみ合わせることを打天鐘《だてんしょう》といい、右の場合は槌《つい》天磬《てんけい》、前歯を叩くことを鳴天鼓《めいてんこ》と称する。縁起の悪い事件に出会った時は、打天鐘を三十六回おこなうと邪悪祓いになるという。

五禽戯《ごきんぎ》

二世紀後半から三世紀にかけて活躍した名医・華陀が考案した養生法（健康法）である。華陀自身、この方法を生活に採り入れた結果、百歳をすぎても二十代にしか見られなかったという。五禽戯とはいわば動物の動きを真似た体操である。

虎戯＝よつんばいになり、前に三回、後ろに一回跳ねて腰を伸ばす。仰向けになって同じことを繰り返す。これを一日七回おこなう。

鹿戯＝よつんばいのまま首を伸ばし、左に三回振り返り、右に二回振り返る。それから左右の足を三回ずつ伸縮させる。

熊戯＝仰向けになり、両手で膝を抱える。頭の上げ下げを七回、起き上がってうずくまる。左右の手を交互に床につけ、体重を支える。

猿戯＝鉄棒で懸垂を十七回、左右の脚で交互に七回ずつぶら下がる。次に両足でぶら下がり頭を七回上下に動かす。

鳥戯＝両手を真っ直ぐ下に伸ばしたまま、片足を鳥の尾のように後ろに上げる。次に両手を目の前に力一杯伸ばす。これを七回繰り返す。座って足を伸ばし、手で踵を引っ張る。次に両肘の屈伸を七回おこなう。

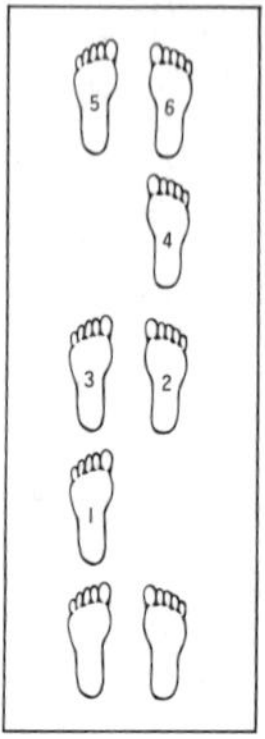

禹歩《うほ》

夏王朝の始祖とされる皇帝・禹が編み出したとされるフット・ステップである。魔除けの効果のほか、修行のために山に入る際などにおこなうべき所作である。何通りか伝えられているが、一例を紹介しよう。両足を揃えて立ち、左足を半歩前に踏み出す。次に右足を一歩踏み出してから左足を揃える。次に右足から順にいまの動作をおこない、さらに最初の動作に戻る。これでワンセットである。禹歩の効果は絶大とされ、日本でも陰陽道の秘伝として取り入れられている。

辟穀《へきこく》

道教思想では、人間の身体は三つに分けられる。頭と腕、胸、腹部と足である。これらには、それぞれ司令室があり、それを丹田《たんでん》と呼ぶ。上丹田は脳の中にあり、中丹田は心臓のそば、下丹田はへその下に位置する。丹田にはそれぞれ神が住み、悪霊や悪鬼から人体を守っているが、その近くに人体に有害な生き物が住んでいるとされる。三尸《さんし》または三虫と呼ばれ、これが丹田を攻撃して老衰と死の原因を作ると考えられている。三尸は人間の犯した罪を天界に報告する義務を持ち、その結果として人間が生命を縮められることを願っている。肉体から早く解放されたいのである。仙人修行のためには、この三尸を絶滅させる必要がある。それが辟穀の目的である。三尸の栄養分となる五穀を断ち、同時に丹田に住む神々の嫌いなタマネギ、ニンニク、血を断つ。この修行は長い年月を必要とし、なつめや松の実、菊の花などが望ましい食事となる。

三尸の図
左：下尸
中：中尸
右：上尸

調息《ちょうそく》

これは大気中に存在する〝気〟を体内に取り入れる方法である。普通の呼吸法は外気を吸うだけで体内を巡らせることができない。大切なのは「閉気」といって気を体内にとどめておくことだという。これには「胎息」という胎児の呼吸法が取り入れられた。この方法をマスターすれば飢えや渇きが癒え、邪気を取り払い、水中でも生活できるようになるとされる。まず「握固《あくこ》」という胎児の手の握り方をする。親指を手のひらで包む握り方だ。そして精神統一の後、ゆっくり鼻から息を吸って胸に入れ、とどめる。心臓の鼓動百二十回を数えたらゆっくりと糸をひくように吐き出すのである。吸気を多く、吐気を少なくするよう訓練する。この呼吸法は午前中におこなう必要がある。この時間帯は外気に生命エネルギーが満ちているのだ。熟達すれば肉体は若さを取り戻し、十年間続けると天界から仙女が現れて左右にはべるようになるという。

桃の護符

仙人にとって基本ともいえる六つの修行をマスターしたケンに、朴子は中国伝統の〝桃の護符〟の手ほどきをはじめた。

「よいかな、桃は古来、邪気を退けるために度朔山*一という死者たちの山に植えられていたのじゃ。この辟邪《へきじゃ》（邪悪な気を遠ざける）の効果をさらに高めるために、われわれは特殊な文字を書く。文字は本来、ものの正確な姿を示すものであり、書き記すことによって、その気を封じ込めることができるのじゃよ」

そういってさまざまな護符をつくる手ほどきをしてくれた。

〝符水〟というテクニックも教えてくれた。これは紙に呪力のある文字を書き、それを燃やしてから灰を水に入れる。その水を飲むことによって、邪悪なものを防ぐ力が生じるというものだ。

中国の護符

漢字を生んだ国らしく、中国の護符のほとんどは文字が記されている。通常に読み取れる文字とともに、護符専用に作られた奇妙な文字も多数使用されている。これは、ひとつの文字のなかに多くの意味を含め、さらには呪術的効果を高めるために、道士（道教の修行者）によって考案された文字で、一般の人には読解が不可能。特徴的なのは、古代社会以来、桃が特別な呪力を発揮するとされている点である。伝説では死者が訪れる度朔山《どさくさん》という島が東海上にあり、周囲が巨大な桃の木で囲まれている。東北の方角に面した場所は死者たちの通用口であり、ここはとりわけ桃の枝が鬱蒼と絡まり、門となっている。そして門神《もんしん》と呼ばれる神さまが見張りにつき、邪悪な心を持つ死者は通ることが許されないという。死者の国、

■弾弦童子《だんげんどうじ》の護符

清代に陝西省で流行した幸運と財産を招く護符。桃の形をした頭髪、雲模様の衣服など吉兆のシンボルが散りばめられている。各家の応接室などの目立つ場所に貼る。

■風を起こす護符

道教の教義の集大成『道蔵』にはこうした護符が各種、紹介されている。吉兆とされる風を起こすことによって、みずからの幸せを祈願しようという目的に使用された。

度朔山はこうして平和が保たれているのだ。こうした伝説から桃は邪気を払う特別な植物とみなされ、桃の木で柩を作ったり、桃の木を煮た湯を悪霊祓いに用いるようになった。

清代（一六一六〜一九一二）には桃の枝を家の入口に飾ったり、呪力のある護符を桃板で作ったり、桃の弓が悪霊祓いに使用されるようになった。

水中歩行術

修行に明け暮れるある日、朴子のもとへ村人が訪れた。聞けば、村のはずれにある湖に妖怪が出没して、村人を苦しめているという。

「ケン、いい腕試しじゃ。おまえが妖怪を鎮めてきなさい」

と、村人の訴えを聞いた朴子はケンにいった。

出発前に朴子は秘宝とされる〝水中歩行〟の道具をくれた。それは動物の角を魚の形に彫刻したもので、長さ十センチほどのものだった。

「これはな、通天犀《つうてんさい》という犀の角で作ったものじゃ。これを口にくわえて水中に入れば、身体の周囲の水が退いてしまうんじゃ。だから呼吸もできるし、衣服も濡れることがないという優れたもの。さあ、持っていきなされ」

村人の案内で湖に到着すると、ケンはさっそく通天犀の角をくわえて水中に入った。角は驚くべき効果を見せた。ケンの周囲一メートルほどに完全な空間ができたのだ。まるで透明のボールに入って水中を漂っている……そんな心地よさがある。しばらく湖底を探索していると、巨大なトカゲのような動物が出現した。

〝ははあ、これが朴先生のいっていた蛟《みずち》だな。毒霧を吐くというから用心しなくちゃ〟

ケンは蛟の心臓を狙ってアグラの剣の一撃を加えた。蛟は急に暴れだした。苦しげにのたうち回り、口からは紫色の毒霧を吐く。

〝しまった。ああいう動物は心臓が止まっても簡単には死なないんだ〟

蛟の攻撃を避けながら、ケンは慎重に頭部に狙いをつけた。正確な頭部への攻撃は、暴れる蛟へのとどめとなった。口からは毒霧のかわりに、おびただしい血液が流れだし、湖水を紫色に変えた。

■蛟《みずち》
蛇に似ていて、角と四本の脚を持つとされる想像上の動物。口から毒を吐いて人間を攻撃するという。

水上歩行術と通天犀《つうてんさい》

『抱朴子』という書物によると、通天犀という犀の一種と思われる動物は、霊山に住み、薬草を食料とするたいへんに貴重な生き物とされている。角には薬草の成分が濃縮されているから、その角で食べ物に触れると毒物が混入されているかどうか、すぐに分かるという。これはヨーロッパの伝説である一角獣（ユニコーン）とも共通する。

『抱朴子』にはもうひとつ、水上歩行術について記されている。それによると、ネギの汁と肉桂（シナモン）を混ぜて木の実ほどの大きさの丸薬を作る。それを一日三回、三年間休まずに服用すれば水上歩行が可能になるという。

雷気による悪霊撃退術

ケンの修行が一段落したのを見て、朴子はケンのために新しい魔術を伝授してくれた。それは雷のエネルギーを利用して悪霊に対する防御バリヤーを作るというものだ。簡単な祭壇が作られ、犠牲として鶏が数羽供えられた。朴子は祭壇に向かって叩頭したのち、朗々と呪文を唱えた。

「われ雷公の兂《き》、雷母の威声を受け、もって身中の万病を除く、百姓同じく、もって形

悪霊撃退術

　本書で紹介した悪霊撃退法について、補足説明をしておこう。この魔術、本来は年が明けてから最初に雷が鳴ったときに、きちんと祭壇を用意しておこなうと強力な効果が得られる。无《き》は気と同じ意味を持ち、「百邪」「万精」とは邪悪な生き物や悪い精霊を指した言葉、「五行の将、六甲の兵」というのは天界で雷神に仕える軍隊のことである。また「急急如律令《きゅうきゅうにょりつりょう》」とは呪文の末尾に唱えられる決まり文句で、本来は公文書で用いられたもの。「律令で定められた通り、すみやかに実施なさい」という意味がある。

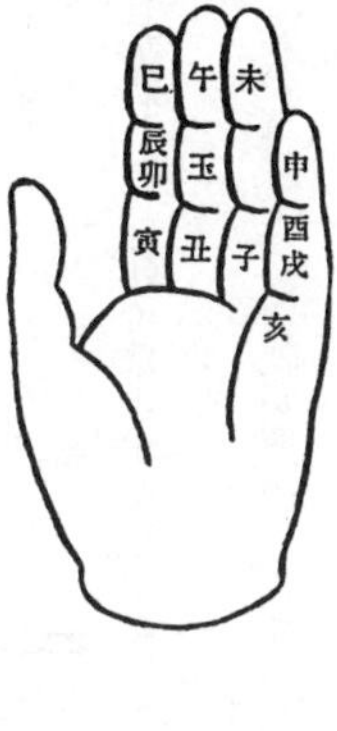

■左手による雷エネルギーの取得法

　“悪霊撃退法”は雷の持つ膨大なエネルギーをみずからのものとするテクニックであるが、同様な魔術を紹介しよう。年の初め、雷鳴が聞こえてきたら、右図に示されたように、左指の各関節に示された位置を「午→未→玉→丑→子→戌」の順番で左親指で押さえながら「雷威震動便驚人（レイウェイチエントンペンチンレン）」と呪文を唱えるのである。

をなすることを得ん。われをして五行の将、六甲の兵を使い、百邪を斬断し、万精を駆逐せしむるを得んことを。……急急如律令!」

朴子に続いてケンも同じ呪文を唱えた。すると、かなたの空から雷鳴が聞こえてきた。雷の精霊が応えたのである。これを聞くと朴子はつぎの動作に移った。鼻で雷炁《らいき》(雷の持つエネルギー)を九回吸い、唾液を同じ回数飲み込む。朴子の説明によれば、これらの動作によって雷神に所属する天界の武将たちを自分の味方につけ、悪霊に襲われた場合でも彼らが加勢してくれるのだという。

占風術/望気術

いよいよ修行が終わろうとするころ、朴子のもとへ使者が訪れた。朴子はむずかしげな顔つきでしばらく考え、ケンにいった。

「ケンよ、わしらはのんびりできそうもないようじゃ。闇の軍隊との決戦が迫ってきている。……今から実際の戦争に役立つ術を教えてつかわそう」

朴子が教えてくれたのは〝占風術〟と〝望気術〟だ。占風術は、十メートルほどの棒の先端に雉の羽を五枚縛りつけたもので風の動きを詳細に観察することからはじまる。

「占風術というのは五千年前から伝わる術でな、風の向きや強さで戦争の結果を予知できる。たとえば今日のように、風が味方の後方から吹いて軍旗がはためくのは勝利の予兆なのじゃ。つぎに敵が近づき、敵の大将の声が聞こえるようになったら、その声を推察するのじゃ。それによって敵将が兵士たちから信頼されているか、つまりは敵軍の士気の高さを読み取れるというわけじゃよ」

朴子はさらに続ける。

「望気術とは、戦場で雲の出現する場所や形、色などで、敵の位置や強さ、戦争の結果などを予兆できる術じゃ。中国の戦争にはこの〝占風術〟と〝望気術〟それに〝占星術〟を欠かすことができないのじゃよ。つまり風も雲も星も、いずれも宇宙の〝気〟の表出なのじゃ。気の変化が星の運行や風の音、雲の形に表れる。そういうことじゃ」

「しかし、こちらが不利という予兆が出たらどうするのですか？」

ケンの問いかけに朴子は簡単に答えた。

「なんのことはない。攻撃を控えて陣営を建て直すか、自軍に有利な状況になるまで待つだけのこと」

占風術《せんぷうじゅつ》

古代中国では、風向きや風の強さによって農作物の好不良を観測する方法が古くからおこなわれていた。おそらく当初は農民の経験から生まれた諺のようなものであり、それが次第に体系化されていったものと思われる。「秋冬に東南の風が吹けば雨にあわない」といったものだ。その後、風を読んで吉凶を占う方法は戦争の行方を左右し、災害を予知し、さらには官僚の人事にも影響を与えるとされる重要な占術となった。また、病気と関連づけて考えられたことも少なくない。

中国人にとって風とは天と地の狭間に流れる〝気〟であり、万物共有の属性である陰と陽の影響によって生じると考えたのである。観測器具も古くから発達し、戦場では簡単なものだったが、普段は風見鶏のような風向計が用いられた。

『呉子』という書物には「戦場で敵と向かい合った際、風の方向を詳細に観測しなければならない。順風ならば、兵士に攻撃の号令をかけ、逆風の場合は陣地の守備をしっかり固めて風向きが変わるのを待つのだ」という意味のこ

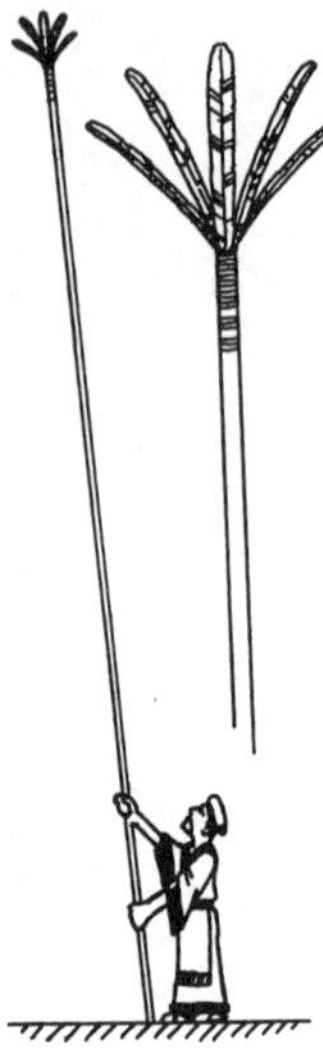

とが記されている。

秦代（紀元前八世紀）以降は特に風向が重視されるようになり「八風」に区分され、それぞれが呼び名を持つようになった。

■八風の名称

風向／出典	呂氏春秋	淮南子〔天文訓〕	史記
東北	炎風《えんふう》（融風《ゆうふう》）	条風《じょうふう》（融風《ゆうふう》）	条風《じょうふう》
東	滔風《とうふう》（明庶風《みんしょふう》）	明庶風《みんしょふう》	明庶風《みんしょふう》
東南	薫風《くんふう》（清明風《せいめいふう》）	清明風《せいめいふう》	清明風《せいめいふう》
南	巨風《きょふう》（凱風《がいふう》）	景風《けいふう》	景風《けいふう》
西南	淒風《せいふう》（涼風《りょうふう》）	涼風《りょうふう》	涼風《りょうふう》
西	飂風《りゅうふう》（閶闔風《しょうこうふう》）	閶闔風《しょうこうふう》	閶闔風《しょうこうふう》
西北	厲風《れいふう》（不周風《ふしゅうふう》）	不周風《ふしゅうふう》	不周風《ふしゅうふう》
北	寒風《かんふう》（広莫風《こうばくふう》）	広莫風《こうばくふう》	広莫風《こうばくふう》

望気術《ぼうきじゅつ》

　望気術とは雲の形を観測して吉凶を占う術であり〝雲気占《うんきせん》〟とも呼ばれる。前述した占風術とセットになって古代中国で発展した方法である。雲もまた天と地の狭間にあり、地の微妙な気の動きが形になるとしてとらえられている。もちろん地上の人間の気も雲に反映するとされる。『史記』（天官書）には次のように記されている。

「……獣形をしている雲が上空にあると、その下の軍隊は勝利する。……労働者の上空の雲は白く、土木工事のおこなわれている場所の雲は黄で……騎兵の上空にたなびく雲は低くのびており、一般兵士の雲は円い形をしている。……将軍が勇敢だと雲は青白く見えるが、兵士たちが怖じ気づいていると、揺れ動いて見える」

　詳細な雲の観測がうかがえる。雲の形もさることながら、色合い、光沢、丸さ、密度が重要な点であるとしている。同書には望気術の名人として王朔《おうさく》を紹介しているが、彼は雲の観測にあたって、必ず太陽に近いもので判断したという。太陽に近い雲は皇帝の運気を示すものであり、天下国家の吉凶を占うのに不可欠と考えたのである。また、古戦場や廃墟となった都市跡、地下の埋蔵金、黄金などの上空には特有の気が漂っており、それは雲の形を観察することによって察知できるとされている。

仙薬

修行の完了した晩、朴子先生はケンのために北京にいたナナを呼び寄せ、素朴な宴会をしてくれた。そして彼はケンにいった。

「ケン、おまえは〝仙薬〟というものを知っているかな。中国における錬丹術の祖、葛洪先生が、その著書『抱朴子』に記しているのだが丹砂、雄黄、石硫黄、曽青、礜石、太《たい》乙《おつ》余《よ》粮《りょう》を原料として作られたものを〝仙薬〟といってな、簡単に仙人になることができる妙薬なんじゃ。ところが太乙余粮というものが中国ではなかなか手に入らない。一生かかって探しても見つからないことがあるというほどじゃ。ところが、日本の国では容易に探せるという噂を聞いたことがあるんじゃ。……それで、わしもおまえたちと一緒に日本へいこうと思うんじゃ、どうだろう」

ケンは弟子を心配する朴子の気持ちをありがたく思った。

「しかし、朴子先生。わたしが日本に向かうとお考えですか」

「もちろんじゃとも。おまえは東に向かうといっておった。それにな、昨晩青白い光を放つ流星が東の空に流れたのだ。あれはおまえの運命にほかならない。あの流星はおまえ自身の運命だ。東に向かって急げと指示している」

「承知しました。先生と同行できるとは光栄です」

翌朝、ケンとナナ、そして朴子の三人連れは日本に向かって出発した。

■魔術書『抱朴子』

中国最高の魔術書とされる『抱朴子』は葛洪（二八四～三六三）の著書として知られている。山東省出身の豪族の家柄である葛洪は、若い頃から錬丹術（不老不死の霊薬を作る術）の研究家として知られ、その思想を集大成した『抱朴子』や『神仙伝』は後世の人々に大きな影響を与えた。『抱朴子』は「内篇」と「外篇」に分かれ、「内篇」は神仙思想の集大成ともいえる内容で、精神の養生法、肉体の養生法、生理的養生法、金丹（不老不死の薬）の製造法などが記されている。本書で紹介した〝水中歩行術〟や〝通天犀〟も、このなかで記されているものだ。葛洪本人も尸解仙（周囲の人々に死んだと見せかけて仙人となること）となったとされている。不老不死や神仙思想に興味があれば、翻訳本が出版されているので一読をお勧めする。

錬丹術と仙薬

錬丹術とは、中国における錬金術であり、〝丹〟の字でもわかるように丹砂＝水銀と硫黄の化合物（硫化水銀）を主な材料とした仙薬、つまりは不老不死の妙薬をつくることにあった。その内容は化学的実験と秘教的な儀式が入り交じり、非常に複雑なものになっている。漢の武帝に仕えた方士・李少君（紀元前三九〇頃～不明）は「鬼神を駆使して丹砂を黄金に変え、その黄金製の食器で飲食すれば長寿がまっとうできる」と説いたという。優れた丹薬は猛火に置くと黄金に変化するとされたのだ。丹砂を加熱すると水銀に変化する。そして、水銀と硫黄を化合すると丹砂に戻る。これを〝還丹《かんたん》〟と称した。この工程を数回繰り返すと上質な丹薬になるとされた。

錬丹術について詳細な記述をしている『抱朴子』（葛洪著）によれば、薬というものは三種に分類できるという。

○上薬＝寿命を延ばし、空中飛行や鬼神を使役できる薬。
○中薬＝人間の健康を増進させる、つまり病気予防の効果がある薬。
○下薬＝病気を治療するだけの対症療法としての薬。

丹薬はとうぜんながら上薬に分類され、そのなかでもっとも上質の薬を金丹と称した。そして、丹砂だけを材料とするよりも数種の鉱物を混ぜ、加熱することによって上質の仙薬を作る方法を何種類か紹介している。実例をあげると〝丹華〟という仙薬は雄黄水（硫化砒素の溶液）、礬石水（ミョウバン水）、戎塩（甘い岩塩）、鹵塩（苦い塩）、堺石（砒素を含んだ石）、牡蛎（カキ殻の粉末）、赤石脂（風化した石のやに）、滑石、胡粉を練り合わせて三十六日間火にかけるとできあがる。この薬を七日間飲みつづけると仙人になれるという。また、これを玄膏（黒い油）で丸め、強力な火で焼くと、たちまち黄金に変化するという。

もっとも水銀化合物はかなりの毒性があり、錬丹術がもっとも流行した唐の時代には六人もの皇帝が水銀中毒で死亡している。読者の皆さんはけっして真似をしないで欲しい。ちなみに丹薬を飲んだ道士は、薬の毒性を減らすために、歩き回ったという。〝散歩〟の語源である。

＊一　**度朔山《どさくさん》**　東方の海上にあるとされた死者の島。

第七章

東の果ての国、日本。修験道の験力と陰陽師の魔力、さらには密教伝統の大魔術の数々。霊山を舞台に、悪霊たちと死闘を繰り返す。

修験道、役の行者、能除太子、即身仏、陰陽師、安倍晴明、土蜘蛛、飯綱の法、荼吉尼の法、摩利支天秘密成就法、神通力、密教魔術、印相、求聞持法、孔雀王の呪法、悉曇文字……。

シーン 19

霊のみなぎる山

修験道

山形県鶴岡市から東に向かうと、標高四百三十六メートルの羽黒山という山がある。この山は月山、湯殿山と並んで出羽三山と呼ばれ、修験道の拠点のひとつとして栄えている。ケンとナナ、それに上仙の朴子は、この山の谷間にいた。三人は一生懸命になって付近の草むらをかき分けている。

「みつかったぞ。これじゃよ」

朴子がうれしそうな声をあげた。彼が手にしているのは十センチほどの褐色の石で、振るとシャリシャリと音がする。

「これが太乙余粮《たいおつよりょう》ですか。たしかに石の中になにか入っているようですね」

と、ケンが答えた。丹薬のなかでももっとも貴重だといわれるこの石は、このあたりでは〝お羽黒石〟として知られている。

「だれだ、神聖なお山を荒らすのは！」

怒鳴り声がして、山伏が草むらから現れた。

「……これはすまんことをした。わしゃ朴子と申す年寄りでな、はるばる唐からこの石を探しにやってきたんじゃ」

途端に山伏の態度が変わった。彼は地面に膝をついて一礼し、

「朴子さまと申されましたか。これは失礼いたしました。お名前は存じております。まずはわれらが別当のもとへ案内させていただきます」

ケンもナナもこれには驚いた。日本の、こんな山奥でも朴子の名前が知れ渡っているとは思わなかったのだ。朴子の方は平然としている。ケンは山伏が出てきた草むらに向かい、第三の眼を開いた。踏み分け道が続き、その先にそびえ立つ絶壁があった。十数人の山伏たちがまるでロック・クライミングのように登っていた。頂上の何人かは身体を断崖に乗り出し、一心不乱に経を唱えている。一歩間違えれば生命を失うような荒行である。山伏、つまり修験道の行者たちはこうして山の霊力をみずからのものとするのだ。

三人は案内されるままに別当の家に向かった。

別当というのは修験道組織の元締めともいうべき要職で、多くの修験者たちのリーダーといえる存在だ。この山の別当は能登という名前で、修験道の開祖とされる役《えん》の行者《ぎょうじゃ》の本拠地、熊野で修行した後、この地、出羽三山で修験道を興した能除太子《のうじょたいし》の魔術を研究、会

得した人物だと、案内の山伏が話してくれた。つまり、二大霊山の開祖の教えを受け継いだ能登別当は「験力《げんりき》」と呼ばれる魔術能力について、役の行者や能除太子に匹敵する力を備えているという。

ケンは役の行者という名前は聞いたことがあったが、能除太子という人物について、まったく知らなかった。

一軒の家に到着した。

能登は朴子に対して丁寧な挨拶をした。

「これは、上仙さま。以前よりご高名を拝しております。お声をかけて頂ければ、お迎えに参上しましたものを」

「いやいや、わしが来たのはこのふたりを紹介しようと思ってな」

そういって朴子はケンとナナを能登に紹介し、彼らがアーリマン率いる闇の軍隊を阻止するために旅を続けていることを語った。

「そうですか、それでこのあたりでも、なにやら異変が起こっているのですな。……実は、わたしの見立てによれば熊野で大規模な戦争が起こると思われます」

ケンは内心驚いた。いま、能登別当が〝見立て〟といったのはギリシャのピュティア（巫女）と同じく、未来予知の術だろう。そういえば、エジプトのダーシモンが〝日本に

役小角（えんのおづの、えんのおづぬ）

役小角は別名〝役の行者〟〝役優婆塞《えんのうばそく》（半僧半俗の行者という意味）〟と呼ばれ、七世紀末に奈良にある葛城山で修行を重ねた呪術者。のちに修験道の開祖として修験者の信仰を集めた。『日本霊異記』によれば、彼は生まれながらに博学で「空を飛び、仙人と交わりたい」という希望を抱いていた。そして、山中の岩窟にこもり、厳しい修行を積んだ結果、鬼神（死霊）を使役して水をくませたり、薪を採らせたりする能力を身につけた。あるとき、彼は鬼神たちに命令して葛城山と吉野の金峰山の間に橋をかけさせようとした。これに怒ったのが葛城山の神・一言主神《ひとことぬしのかみ》だ。朝廷に「役小角は謀叛を企んでいる」と教えた。すぐに朝廷の兵士が役小角逮捕に向かうが、彼は呪術を駆使するので捕まえることができなかった。そこで、彼の母を人質として逮捕した。母の健康を心配する役小角はしかたなしに自首し、伊豆に流された。『続日本紀』によれば六九六年のことだ。しかし、彼の修行への情熱は衰えることがなかった。昼間は伊豆大島にいるものの、夜になると富士山に登って修行を重ね、ついには空中飛行を会得したのである。そして、母親とともに何処へか旅立っていったという。百年後、仏教留学に中国へ向かった道照という僧が、途中の新羅（韓国）の山中で人々に法華経を講じたところ、日本語の質問が返ってきた。名前を聞くと〝役優婆塞（＝役の行者）〟と答えて姿を隠したのである。不老不死の域に達したのだろう。ちなみに彼を訴えた一言主神は彼の呪力によって縛られ、いまだに解かれていないという。

■日本最高の魔術師

役小角の優れた魔術力は不老不死、空中飛行、水上歩行、鬼神の使役などを可能にするとされる〝孔雀明王呪法〟と称される、インド伝来の秘法を修行した成果であるといわれている。具体的に彼の魔術について紹介しよう。朝廷の軍隊三千人が葛城山を包囲した際、兵士が彼を捕まえようとすると、ふわりと空中に浮かんだという。そこで弓で射止めようとしたところ、矢が弓の弦から離れようとせず、剣を抜こうにも鞘から出せなかった。兵士たちはいいように役小角にあしらわれてしまったのだ。

自首した後も彼の魔術は何度か披露された。流刑地に向かう途中、海上で台風に出遭い、あわや難破というときに彼は海上に向かってなにやら呪文を唱えたという。すると途端に嵐がおさまり、空に孔雀明王（三百三十九頁参照）の姿が出現したという。また流刑地で、夜になると彼の姿が見えなくなることに気づいた牢番が、彼の後を追ってみたことがあった。役小角は海岸に出ると、鳥が飛ぶような速さで海上を歩いていったのである。

あるとき、彼は人々にその呪力を披露したことがある。巨石に向かって呪文を唱えると、いくつもの巨石が空中に浮かび上がり、互いにぶつかり合いながら乱舞したという。一時間後、彼が呪文を終えると巨石たちは静かに地上に戻ったという。

役小角の像が各地に残されている。袈裟をまとい、高下駄をはき、長い髭をたくわえて岩に座っている。そして、斧を持つ前鬼と棒を持った後鬼を従えている。これも彼の超能力を示すものだ。一説には二匹の鬼神ではなく、五匹の鬼神を常に従えていたとされる。日本の魔術師の頂点に立つ存在であることは間違いない。

も空中飛行術を駆使する魔術師がいる〟といっていた。ここへ案内してくれた山伏の言葉を信用しなかったわけではないが、自分の住む国にも、魔術の伝統が脈々と受け継がれていたのだ。

能登はケンに向き直った。

「ケンよ、さほど驚くでない。こうした術は世界中でおこなわれているのだ。ただ、おまえが知らなかったというだけの話だ。空中飛行をやってのけ、鬼神を自在に操った役の行者は、おまえも知ってのとおり空中飛行や鬼神を駆使した優れた修験者だ。熊野では役の行者直伝の修行法がいまも続けられている。孔雀明王呪法《くじゃくみょうおうじゅほう》というものが中心だがな。それから、能除太子という名前は知らなくても仕方ない。歴史の表舞台に登場したことがなかったからな。だから〝影の皇子〟という別名もあるほどだ。しかし、ここ出羽では太子の験力の素晴らしさがいくつも伝説になっている。役の行者と互角の優れた魔術師なのだよ。

……ところで、おまえの旅も熊野が最後となるだろう。妖怪や悪霊との決戦の日は七日後だ。わしも日本中の優れた術者に呼びかけ、熊野に結集してもらう。わしらの奉じる修験道は日本古来の霊山信仰と密教が結びついたものだが、密教本流の魔術を会得した僧侶や中国の魔術の系譜を引く陰陽師《おんみょうじ》なども来てくれるはずだ。よいかな、おまえの術にも磨きをかけておきなさい」

■太乙余粮《たいおつよりょう》

羽黒山で採取される〝お羽黒石〟と呼ばれる石がその正体である。茶褐色の石で、振るとサラサラと音がする。割ると内部に空洞があり、粘土状のものや液体が入っている。石は褐鉄鉱であり、内部のものは粘土でさまざまな色のものがあるが、赤から紫のものが太乙余粮と呼ばれた。黄色い水分を含んだものはとりわけ珍重され「石中黄子」と称される。羽黒山周辺のみならず、日本の各地で同様の石が採取され、鈴石、鳴石、壺石などの名称を持っている。この石は鉄分を多量に含んでいることから、古代の製鉄と関連づけて考える学者もおり、呪術に関係した〝鈴〟のルーツとする考えもある。ちなみに正倉院御物のなかには太乙余粮がリストアップされている。仙薬が日本にも輸入され、飲用を試みた者がいたことが推定できる。

能除太子《のうじょたいし》

羽黒山は山形県北西部にある標高四百三十六メートルの山。月山、湯殿山とともに出羽三山と称され修験道（羽黒修験）の拠点として知られている。この開祖とされるのが能除太子（別名＝蜂子皇子）である。彼は崇峻天皇（在位五八七〜五九二）の第一皇子あるいは第三皇子ともされ、その生涯は神秘と謎に包まれている。

彼は黒い皮膚に三十センチもの長さの顔に十センチの鼻が垂れ下がり、口は耳の脇まで裂けて、目が異常に鋭い。とうてい人間とは思えない醜い顔の持ち主だった。あまりにも醜いために皇位につくことができず、諸国修行の旅に出て羽黒山にたどり着いた。しかし、山が深くて分け入ることができない。そのとき、羽根を広げると五メートルもあろうかという巨大な三本足の烏が飛んできた。烏の後を追うとようやく山中に入ることができた。大烏はある杉の木にとまり、動かなくなった。不思議に思った太子が根元の木の葉をかきわけてみると、そこに観音菩薩が出現したのである。彼は木の葉の衣をまとって、木食行《もくじきぎょう》（木の実を主食とする）など厳しい修行をはじめたとされる。

彼の修行中、たまたま猟師が通りかかった。猟師は太子を見て、この聖人ならば村の重病人も治せると考え、彼を村に招いた。太子が山を降りはじめると、重病人の家に突然火が起こり、起き上がれないはずの病人は思わず外へ飛び出した。それをきっかけに不治とされた病気が治ってしまったのである。太子が家へ着くと、大火事で焼け落ちたはずの家は元通りのままだったという。

影の皇子

伝説が事実だとすると、能除太子は聖徳太子とは従兄弟《いとこ》の関係にあたる。この両者を比較すると、興味深い事実が浮かび上がってくる。聖徳太子（五七四～六二二）は推古天皇の摂政として活躍した人物で、仏教興隆に力を尽くしたことでも知られている。しかし、一方の能除太子は父、崇峻が虐殺されたのちは中央を追われ、諸国遍歴を余儀なくされている。美男の聖徳太子に較べて能除太子は醜悪な容姿である。生まれながらに天才的な能力を持った聖徳太子であるが、能除太子の方は「元来、無知文盲にして仏法を知らず」と評された。従兄弟でありながら、両者への評価は表と裏ほどに違うのである。聖徳太子が〝光の皇子〟とされるのに対し、能除太子は〝影の皇子〟的な存在なのだ。これは修験道が置かれた立場を物語っている。当時の社会では中心はあくまでも仏教であり、修験道という呪術的な宗教は〝影〟つまりは反体制、周辺の思想だったのである。

修験道

〈そのルーツと発展〉

弥生時代（紀元前五世紀〜紀元前四世紀頃）以降、農耕に従事するようになった古代日本人にとって、山岳は農耕に必要な水をもたらしてくれる神の宿る場所であると考え、神聖視するようになった。また、人は山岳の神から生命を与えられ、死ぬと霊は山に戻るとされた。こうした考えから、山は一般の人間が入ることができない霊場とみなされ、人々は山麓に祠を建てて神を祀り祈ったのである。修験道とはこうした山岳信仰が道教、神道、民間信仰などと混合し、とりわけ仏教（密教）の強い影響を受け、平安時代の末期に宗教の体系を整えたものである。

平安時代（七九一〜一一八五）、中国から密教を招来した最澄、空海といった高名な僧が山岳仏教を提唱したことで、密教修行の場として山岳に入る僧が増え、彼らは修験者《しゅげんじゃ》と呼ばれるようになり、山に伏（臥）して修行することから山伏《やまぶし》ともいわれた。

鎌倉時代（一一八五〜一三三六）になると日本各地の霊山で修験を専門とする宗教者が増え、彼らは独立した集団を形成するようになった。金峰山を拠点とする〝当山派〟、熊野を拠点とする〝本山派〟、そのほか羽黒山の〝羽黒派〟、英彦山の〝彦山派〟などの教団が成立したのである。

日本の代表的な霊山は三百十三頁の地図を参照してほしい。

〈崇拝対象〉

修験道は山岳という自然信仰を出発点としたもので、特定の教祖、教説を持たず、山岳修行をすることにより超自然的な力を獲得し、その力を呪術に応用するというものだったが、仏教の広まりとともに密教思想が取り入れられ、大日如来、蔵王権現、不動明王などの密教系の諸仏が崇拝対象となっていった。そして、山岳は仏教の世界観である曼陀羅そのものであると考え、回峰《かいほう》（山々を回る）修行が大きな意味を持つようになった。

■修行法

修験道では〝峰入り〟という修行が広くおこなわれている。これは〝入峰《にゅうぶ》〟とも呼ばれ、身を清めて衣服をととのえてからリーダーに従って山中に入り、途中の祠や谷、岩、滝、池などを順番にしたがって回り、定められた修行をおこなってから下山するというもの。修行のなかに〝十界修行〟と呼ばれるものがある。これは人が死んでから地獄に落ち、仏となるまでの十界（地獄、餓鬼、畜生界など）の過程を疑似体験するものだ。その内容は厳しく、危険がつきまとう荒行である。

実例を紹介しよう。毎年八月末から九日間、羽黒山で催される〝秋の峰入り〟では、修行者はまず「笈《おい》からがき」という疑似葬式を実施され、翌日「梵天投じ」という受胎儀式があり、その後は山中を母胎に見立てて成長過程を体験する。この間、断食、水断ちや睡眠不足の状態のまま険しい山中を動き回るのである。また「南蛮いぶし」といって唐辛子の煙に包まれる苦行もある。山を下りるときには「出成《でなり》」と称して産声をあげ、産道に見立てた参道を駆け降りるのである。

肉体的にも限界に近い状態での山登りは、まさに生死の境でおこなう〝死と再生〟の旅といえるだろう。

■験力

修行者は峰入りなどの苦行の末〝験力《げんりき》〟と呼ばれる超能力を得るとされる。超能力は祭祀の時などに「験術《げんじゅつ》」「験競べ《げんくらべ》」として人々に披露されることになる。これには火生三昧（火渡り＝残り火の上を裸足で歩く）や剣渡法（刃渡り＝刀の上を歩く）、隠行（姿を消す）、飛行術などがある。

さらに、験力によって人々を救済するという修験道の思想から、難病や不幸な出来事に見舞われた人々の依頼を受けて、その原因を突き止め、除去することを任務とした。修験者が最初におこなうのは「何の理由で、どんな種類の悪霊がとりついているのか」を調べるための占術である。易や占星術などとともに釜占い（湯をわかした釜に米を入れ、釜の出す音によって占う）や盆占い（盆の上に洗った米をまいて、その形で占う）、数珠占い（数珠をくって、その数を数える占術）など独特の占術がある。

さて、これらの占術によって憑依した霊（邪神、動物霊、生霊、怨霊など）の正体が判明すると、次にそれを除去するための儀式が営まれる。その代表的なものは〝加持祈禱〟と呼ばれる。〝祈禱〟は、行者が仏と一体となるために「護摩《ごま》を焚く」儀式をおこなう。これは古代インドから伝承された呪法で、木片を燃やして人間の煩悩を取り除き、本来の仏性を取り戻すことを目的とする。〝加持〟とは祈禱の後、仏の力が行者に乗り移り、それによって邪悪なものを退散させたり、願いをかなえるために加護をいのること。峰入りを終えた行者はとりわけ験力が高まっており、彼らから加持を受ければ健康になるという信仰が広く民間にいきわたっている。そのほか〝調伏《ちょうぶく》〟〝憑祈禱《よりぎとう》〟などが、修験者が人々に与える救済儀式である。

■日本の霊山

日本各地に信仰の対象とされる霊山があるが、ここでは修験者が入峰（修行）の地とした山々を紹介しよう。

①栗駒山②出羽三山③朝日岳④飯豊山⑤磐梯・吾妻山⑥霊山⑦日光山⑧大山・八菅山⑨飯綱・妙高・戸隠山⑩立山⑪御嶽山⑫白山⑬金峰山⑭富士山⑮伊吹山⑯金峯山⑰大峯山⑱熊野三山⑲福智山⑳宝満山㉑求菩提山㉒英彦山㉓両子山㉔阿蘇山㉕牛尾山

■修験道の組織

各派によって組織形態が異なるが、古い形態を維持しているといわれる羽黒修験の場合、上位から順に次のようになる。

別当―大先達―導師―小木《こぎ》―閼伽《あか》―駈《かり》―行人

前記の行人《ぎょうにん》には僧侶の地位を持つ者も俗人も含まれる。そのなかには一世行人が含まれる。一世行人とは最も厳しい修行をする清僧のことで、五穀断ちや千日行などをおこなう。湯殿山で即身仏、つまりはミイラになる者はここから出る。

■修験道の用語

笈《おい》	山伏の道具のひとつ。峰入り修行の際、必要な道具を入れて背負う箱。
霞《かすみ》	修験者の縄張りを意味する言葉で、本山派が使用する。
袈裟筋《けさすじ》	当山派における師弟関係のこと。
験競べ《げんくらべ》	修験者が左右にわかれて、験力を競う儀式。祭祀の際におこなわれた。
木葉衣《このはごろも》	当山派の僧・行智が一八三二年に著した修験道の入門書。
蔵王権現《ざおうごんげん》	修験道の本尊とされる菩薩。役小角《えんのおづの》が金峰山《きんぷせん》で修行中、火焔を背負った憤怒相《ふんぬそう》（怒りに満ちた形相）で出現したとされ、後に修験者の本尊となった。

十界《じっかい》	地獄界、餓鬼界、畜生界、修羅界、人間界、天上界という迷いの六界と声聞界、縁覚界、菩薩界、仏界という悟りの四界を総称したもの。
先達《せんだつ》	もともとは宗教上の先輩の意味だが、修験道では峰入りの修行者たちの引率役の意。
調伏《ちょうぶく》	修験者が霊力を得て、悪霊など人間に敵意をもつものを降伏させる儀礼。
不動明王《ふどうみょうおう》	蔵王権現とならぶ修験者の主尊。十界を体得した仏として〝十界修行〟の本尊とされる。
憑祈禱《よりぎとう》	一種の降霊術である。子供や女をよりまし（媒介）に神格を憑依させ、信者の運勢や豊凶などの神託を得た。

山伏十六道具

修験者の衣装、法具の総称。①斑蓋《はんがい》（笠）、②頭巾《ときん》、③鈴懸《すずかけ》（上衣と袴）、④結袈裟《ゆいげさ》、⑤法螺《ほら》、⑥最多角念数《いらたかねんじゅ》（数珠の一種）、⑦錫杖《しゃくじょう》、⑧笈《おい》（法具入れ）、⑨金剛杖、⑩引敷《ひっしき》（尻当て）、⑪脚絆《はばき》、⑫走縄《はしりなわ》、⑬八目草鞋《やつめわらじ》。（そのほか肩箱、桧扇《ひおうぎ》、柴打がある）

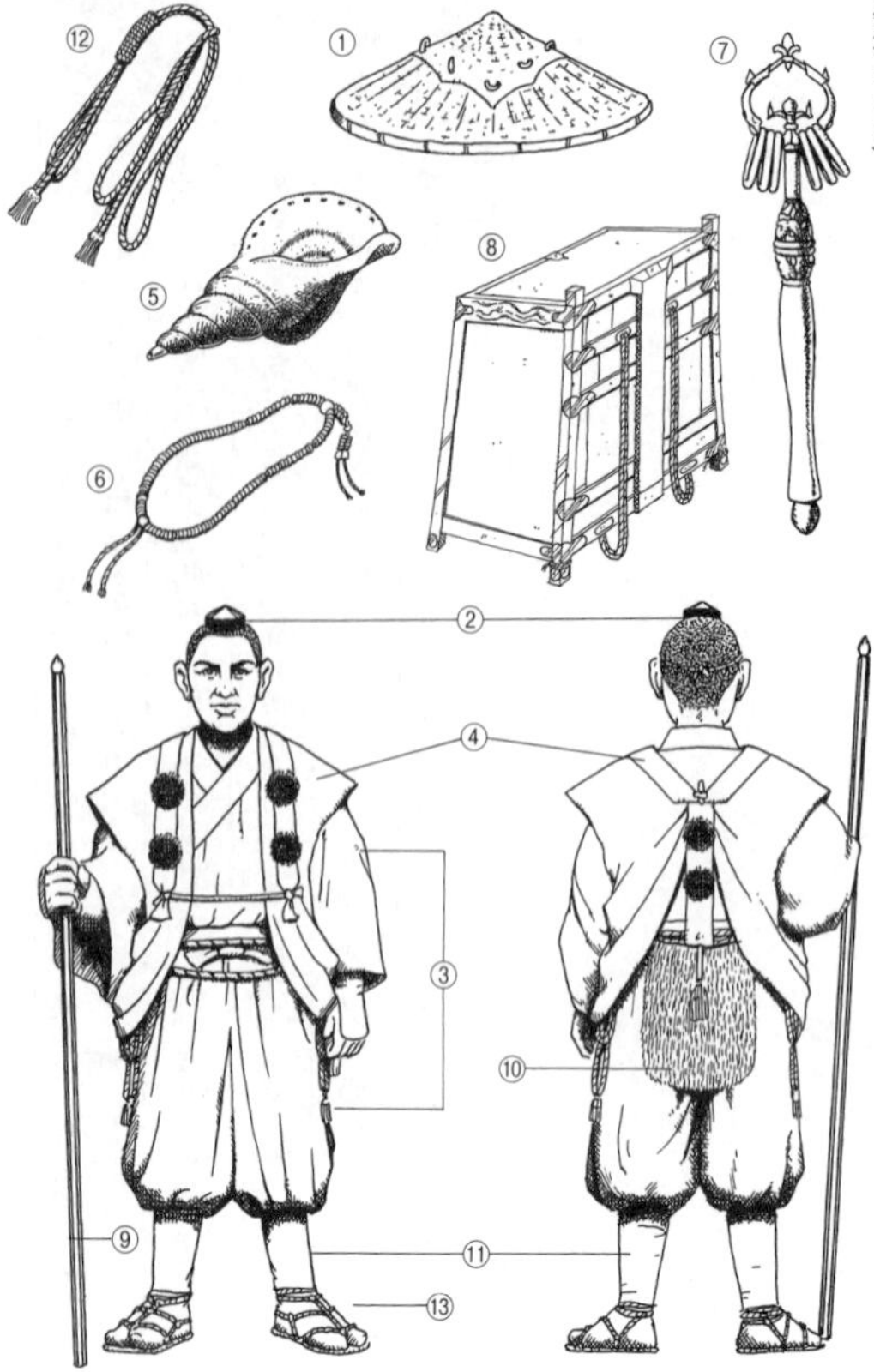

即身仏／麤乱鬼

ケンとナナ、朴子、それに能登と弟子たちの一行は徒歩で熊野に向かうことになった。ところが、湯殿山の仙人沢というあたりで奇妙な連中が立ちふさがった。僧侶の姿をしているものの、やせ衰えて肌は褐色、目玉ばかりが異様に輝いている一団だ。しかも身にまとっている袈裟はぼろぼろに破れている。能登の顔色が変わった。

「うーむ。……これは即身仏に失敗した行人たちの霊だ。ケン、湯殿山は古来より即身仏の盛んにおこなわれる場所なのだ。一世行人と呼ばれる修行者は五穀[*1]を断ち、千日行、二千日行という厳しい修行をして即身成仏を願う。修行を満了したのちに、晴れて即身仏となる資格が与えられるのだが、なにしろ厳しい行なので途中で死んでいった者たちも少なくない。そうした死者はこの仙人沢に葬られるしきたりがある。おそらくは悪霊が彼らの怨念をそそのかしたのだろう。よし、わしの験力を見せてやろう」

そういうと、能登は一心不乱に祈った。ミイラになりそこなった死者たちは一瞬、戸惑ったような表情を見せて、自分たちの背後を振り返った。すると身長二十メートルを超える巨大な妖怪が姿を現した。頭が三つ、腕が六本もあり、醜悪な顔に鋭い牙を剥き出しにしている。

「なるほど、行人たちを冥界から連れだしたのは、麤乱鬼だったのか……。ケン、この妖怪の吐き出す息に気をつけなさい。吸い込めば病気になるぞ。この黴乱鬼は昔、われらがご先祖が呪縛して月山に封じ込めたのだ。よし、もう一度大天縛《だいてんばく》に封じ込めてやろう。ケン、よく見ておきなさい。験力というのは『祈り生かし、祈り殺し』といわれている。つまり死者をこの世に再生させることも、生者を殺すことも祈り次第で可能ということなんだ」

そういうと、能登はさらに声高に呪文を唱えた。呪文が最高潮に達したとき、大声で怒鳴った。

「喝！」

途端に黴乱鬼や死者たちは地面に吸い込まれるように消えていった。ケンは修験者の験力のすさまじさを思い知らされた。

■**即身仏**《そくしんぶつ》

修験道では、修験者に仏が憑依して予言、託宣をおこなうことを〝即身成仏《そくしんじょうぶつ》〟というが、死後もこの力を持ちつづけることを即身仏という。つまり、即身成仏の修行を完了させた上で、ワンステップ上位の即身仏になる道が開かれるのだ。通常は行者の死後、肉体がミイラ化して残されている。湯殿山には三体のミイラがある。

■**黴乱鬼**《そらんき》

慶雲年間（七〇四～七〇八）の歳の暮れに陸奥（青森県と岩手県の一部）と出羽（山形県、秋田県）の国に、身長二十四メートル、三面六臂（三つの頭と六本の腕）を持つ悪鬼〝麤乱鬼〟が出現したという伝承が残されている。この妖怪は無数の眷族を引き連れて黒雲の中から降りてきて、炎を吹き、周辺の山の頂上に充満した。そして、悪臭や毒雨を降らせて数万人に及ぶ死者を出したという。そこで、羽黒山で供物を捧げて祈ったところ、七歳の女の子に神が憑依して「鬼の形の人形を作って焼きなさい。そうすれば悪鬼どもは退散する」と告げた。人々がその通りにすると、悪鬼どもはたちまち逃げていったという。首領である麤乱鬼は呪術によって拘束されて、月山山中に封じられた。その場所は後に大天縛《だいてんばく》を命名された。現在、毎年大晦日から元日にかけて羽黒山でおこなわれる祭〝松例祭《しょうれいさい》〟は、この伝説を再現したものだ。

＊一　五穀《ごこく》　一般に食用となる穀物の総称。米、麦、粟《あわ》、豆、黍《きび》または稗《ひえ》。

シーン

20

日本の魔術師たち

陰陽師

一行は和歌山県の山中、奈良県側に近い熊野[*一]大社を陣地とした。ケンたちが熊野に到着したとき、すでに何人もの魔術師たちが集まっていた。たいていは山伏姿の修験者たちだが、なかには烏帽子姿の男たちや、鎧兜を身につけた武士や、僧侶の姿もある。烏帽子姿のひとりがケンに声をかけてきた。

「おまえがケンか。世界中の魔術を修行してきたそうだが、わたしのことは知らんだろう。わたしは安倍多寡麿といって陰陽道《おんみょうどう》の修行をしている者だ」

陰陽道というのは中国から伝えられた陰陽五行説に基づき、日本で独自の発展をとげた魔術である。奈良時代以降、政府の正式な役職として陰陽寮が設置されるなど、公式な魔術師としての役割を持っていた。彼らは陰陽師と呼ばれる。ケンは陰陽師の後ろに子供ほどの大きさの男がふたりいることに気がついた。

「ほほう、おまえには式神《しきしん》が見えるようだな。修行を積んだ者にしか奴らの姿は見えんのだが」

陰陽師はそういって、後ろに控えているふたりの鬼に声をかけた。

「おまえたち、挨拶せい」

醜悪な顔をしたふたりの式神は、ケンに会釈した。

陰陽道《おんみょうどう》

陰陽道は古代中国の陰陽五行説を基にして作られた日本固有の占術・魔術体系である。〝陰陽〟とは万物を生み出す要素〝気〟の総称で、地球上のあらゆるものが陰と陽に分けられ、それぞれが配合・対立し、循環する属性を持つという考え方。五行説は自然界を水、火、木、金、土に分割し、相互に関連づけた思想である。この陰陽五行説に十干、十二支などを加えて宇宙の動向を理解し、さらには未来予知、吉凶などを判断して、それに対応する呪術作法をおこなうことが陰陽道の思想である。

十世紀後半、安倍晴明（三百二十五頁参照）の登場により、陰陽道は大きな転機を迎える。それまでは、どちらかというと呪術性の低かったものだが、彼の活躍を機に高度の呪術性と神秘性を持った。〝式神《しきしん》〟という存在がクローズアップされるようになった。式神とは陰陽師

が占術や祈祷などをおこなう際の守護神であり、使役神とされた鬼神（精霊）だ。鬼神は人を呪い殺したり、災難にあわせたりする厄介な存在だが、これを使役することに成功すると、願いがかなったり、幸福をもたらしてくれるのである。悪意のある陰陽師は式神を刺客に使い、これを迎える側も陰陽師を雇って対抗する。こうしたやりとりが貴族社会でおこなわれたのである。陰陽師は次第に攻撃的な魔術師としての立場をとるようになっていった。

■陰陽師

陰陽道に従事する者は陰陽師《おんみょうじ》または方士《ほうし》、方術《ほうじゅつ》士《し》と呼ばれた。彼らは大化改新（六四五）以降の律令体制のもとで国家の支持を受け、天武天皇（在位六七三～六八六）の時代には官職として認定され、中務省に所属する陰陽寮に六人の定員、さらに各地方に配備された。当初は天皇や皇族、貴族たちの生活に大きな影響を与え、次第に庶民レベルに浸透していった。国家での彼らの仕事は、行事の日取りを決めるための暦法術や都市建設の際に方位術を駆使して、災厄が起こらないようにすることだった。平城京は彼らの方位学に従って建設されている。

■方違え

陰陽道の思想は、現代生活にも根を下ろしている。例えば家の建築や旅行の際に「方角が悪い」という考え方は陰陽道のものである。平安朝時代、貴族たちの日常生活を支配したのも〝方違《かたちが》え〟という思想だ。自分の家から目的地へいく際、日時や方角が凶と判断された場合、いったん吉の方角へ向かい、そこで一泊してから目的地へ向かうことを〝方違え〟という。東北の方角を鬼門とされるのも、この方角が十二支の丑寅《うしとら》にあたり、八卦では大凶とされることによる。

■陰陽道の用語

吉凶《きっきょう》	万物が持つ気である陰陽がうまく配合した場合を吉、相剋する場合を凶とする。人間の性質、年月日時、方角にいたるまで、吉凶があるとする。
反閇《へんばい》	邪気を払い除くために呪文を唱えて、大地を独特のステップで歩く方法。中国の〝禹歩〟が輸入されたもの。
身固め	一身の安全を願っておこなう呪術作法。天皇が身固めする場合、その衣服を陰陽師に与え、これに呪術を施す。密教でいう護持、撫物も身固めの一種。
撫物《なでもの》・形代《かたしろ》	身のけがれを取り除くための儀式。人形を用意し、これに依頼者の穢れを撫でて移し、呪文を唱えた後に川に流す。
天冑地府祭《てんちゅうちふさい》	泰山府君祭、鬼気祭、属星祭、土公祭など五十ほどある陰陽道の祭祀のなかでも重要な祭。泰山府君（冥界の神）を中心とし、十二の関係する神々に金銀幣（貨幣を真似た物）、素絹、鞍馬を供える儀式。
追儺《ついな》	大儺《たいな》、鬼やらいともいう。悪鬼を払い、新年を迎える儀式。大晦日におこなわれた。
都状《とじょう》	祭祀の際、奉じられる祭文。供物の目録や願い事、対象となる神々などが記されている。
物忌《ものいみ》	夢見の悪いときや悪霊にとりつかれた時、一定期間を家から出ずに謹慎すること。

「こいつらはわたしに服従しているから心配ない。身の回りの雑役をやらしているんだ」

自慢げに語る陰陽師。しかし、式神たちは妙に気ぜわしくなり、目の前の地面を指さし、声をあげた。

「なんだ、騒がしい。……そうか、妖怪の気配を感じたんだな」

そういうと、陰陽師は禹歩に似たステップを踏み、懐から和紙でできた人間の形をしたものを取り出した。

「これは形代《かたしろ》と申してな、わたしのご先祖である安倍晴明さまより伝わる秘術だ。ケン、よく見るがいい」

陰陽師は形代をゆっくり撫でまわした。すると、ケンたちの目の前の地面が急に盛り上がり、そこから象ほどの大きさの蜘蛛が出現したのだ。あたりにいたほかの魔術師たちは色めき立ち、剣を抜いたり、呪文を唱えたりしはじめる。しかし、陰陽師は落ちつきはらって説明した。

「さあ、よく見るがいい。こいつは土蜘蛛《つちぐも》という妖怪だ。なに、わたしに任せなさい。いま、始末してご覧にいれよう」

土蜘蛛は口から粘液質の糸を吐き出しながら陰陽師に襲いかかった。彼は真剣な表情で攻撃をかわし、何回目かの攻撃に身体をかわした瞬間、すかさず土蜘蛛の額に形代を貼りつける。すると、土蜘蛛は七転八倒して苦しみだした。巨体に押し潰されて、周囲の大木が何本かメリメリと折れる。数分後には赤黒い腹を見せて動かなくなった。

陰陽師は余裕しゃくしゃくといった面持ちでケンに話した。

「土蜘蛛は普段なら、こんな場所に出現しやしない。たぶん闇の軍隊の斥候の役目で来たんだろう。ここもそれほど安全とはいえない、気をつけなさい」

■土蜘蛛
『風土記』『日本書紀』などに記されているもので、古代の大和朝廷に服従しなかった土着の人々のこと。のちに巨大な蜘蛛の妖怪を指すようになり、能、長唄などに登場するようになった。能の『土蜘蛛』は、源頼光（平安中期の武将。？～一〇二一）の病床に現れた僧侶姿の土蜘蛛が頼光に攻撃をしかけるが、逆に追い詰められて退治される話。

安倍晴明《あべのせいめい》
安倍晴明（九二一～一〇〇五）は平安時代中期に活躍した陰陽道の第一人者である。当時の高名な陰陽師である加茂忠行・保憲親子を師として天文学、陰陽道を学び、天文密奏（天文の変化を察して吉凶を占い、天皇に言上すること）をはじめ、祭祀の指導的役割を果たした。彼の末裔たちは鎌倉幕府に重用され、諸国の陰陽師を統括する職についた。室町時代には衰えたものの、江戸時代に入ると陰陽道の名門として土御門《つちごもん》（＝安倍）家が復活した。

〈式神を自在に使役する〉

晴明の優れた呪術は多くの伝承として残され、文芸作品にも登場している。関白・藤原道長（九六六～一〇二七）が法成寺の建築現場を訪れた時、愛犬が道長の行く手を阻んだ。不審に思った道長が晴明に占わせたところ、彼は「呪詛する者がいます」と断定し、犯人を捜し当てたという。また、晴明は式神を自在に使役する術に長けていた。一般人には式神の姿は見えないが、優れた陰陽師にはよく見ることができた。ある僧侶が式神を従えて、晴明の実力を調査しに訪れた事があった。彼はその意図を知って僧侶の式神を隠してしまった。あわてた僧侶は晴明に謝罪し、式神を返してもらったという。宴席で貴族たちが晴明に聞いた。

「あなたは式神を使ってなんでもできるそうだが、あの庭の蛙を殺せますか」

「あまり罪深いことはしたくないが、やってみ

形代

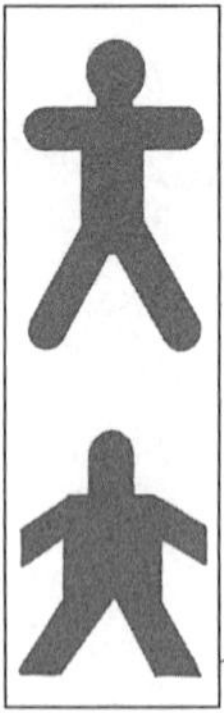

ましょう」

晴明は答えてから、草の葉を拾い、呪文をかけてから蛙の方に投げつけた。すると、蛙はぺっちゃんこに潰れてしまったという。

飯綱の法／荼吉尼の法

安倍多寡麿は集まった魔術師のなかで、おもだった数人をケンに紹介した。最初に引き会わされたのは、ひどく平凡な風采の男だ。

「ケン、この男は〝飯綱《いづな》使い〟といってな、武家に人気の高かった術の伝承者だ」

陰陽師に紹介された男は、微笑みながら懐から竹筒を取り出した。蓋を開けると、中から小さな動物が顔を出した。

「まあ、可愛いわね」

思わずナナが声をかけた。ハツカネズミよりも小さい動物はキツネのような顔をしている。男が説明した。

「これは〝管狐《くだきつね》〟という生き物です。別名を〝尾裂き狐〟といって、尻尾がふたつにわかれているんですよ。もう十年間も飼っていますから、わたしの願いをなんでも聞いてくれます」

陰陽師の説明によると、飯綱使いというのはこの〝管狐〟を操って、さまざまな魔術をおこなうという。〝管狐〟は見つけることも、飼い馴らすことも非常にむずかしいが、いったん慣らしてしまえば、その霊力を自分のものとできるのだ。死者の霊に語らせたり、未来を予知させたり、悪霊を払い、富をもたらすことも、敵を呪詛することも管狐に頼めばできるのだそうだ。

陰陽師はさらに隣の男を紹介した。

「彼もまた狐に関係ある魔術師で〝荼吉尼《ダキニ》の法〟を行使する。われら陰陽師の扱う〝形代〟も使うんだ」

荼吉尼の法をたしなむという男が口を開いた。

「なに、われらの術は遠くインド伝来の魔術だ。お狐さまに憑依したダキニ神がわれらに秘術を授けてくれるのだよ。もっとも、それなりの見返りは用意しなければならないが……」

「つまり、彼は自分の死後、心臓をダキニ神に捧げる契約をしたのさ」

陰陽師が口をはさんだ。男は言葉をつづけた。

「その通りだ。しかし後悔はない。神通力を授かったし、わが秘術の〝阿尾捨法《アビシャ》〟を駆使すれば神霊を人に乗り移らせて未来予知や吉凶の判断、将来の栄達、病気治癒などすべてが思いのままになるのだ。安倍殿のいう通り、形代も使うがの……」

飯綱《いづな》の法

その起源は一二三三年、信濃国の萩原城主・伊藤兵部太夫が飯綱山（長野県北部　標高一九一七メートル）に権現（仏の仮の姿）を祀り、断食修行の結果として神通力を得たのがはじまりとされている。その後、飯綱山の修験者を中心にこの魔術が伝えられた。特徴は〝管狐《くだきつね》〟を使うこと。これは別名を「尾裂き狐」といわれる霊獣で、ハツカネズミほどの大きさで、尻尾が二つに裂けている。たいへんにすばしこく、飼い馴らすことが難しいが、慣れると飼い主の命令を良く聞くという。飯綱使いは、この動物を駆使して未来予知をさせたり、人に憑依させて呪殺したり、富をもたらすこともできるという。ちなみに、この動物を失ってしまうと、飯綱使いの魔術能力も消え失せてしまうとされる。

飯綱権現は武士階級の信仰が厚く、武田信玄、松永久秀、細川政元など、有力武士が帰依した。なかでも細川政元（室町幕府の管領　一四六六～一五〇七）は飯綱使いとしても有名で、空中飛行や浮遊を自在におこなったという。修験道から派生したもので、密教系の魔術だ。

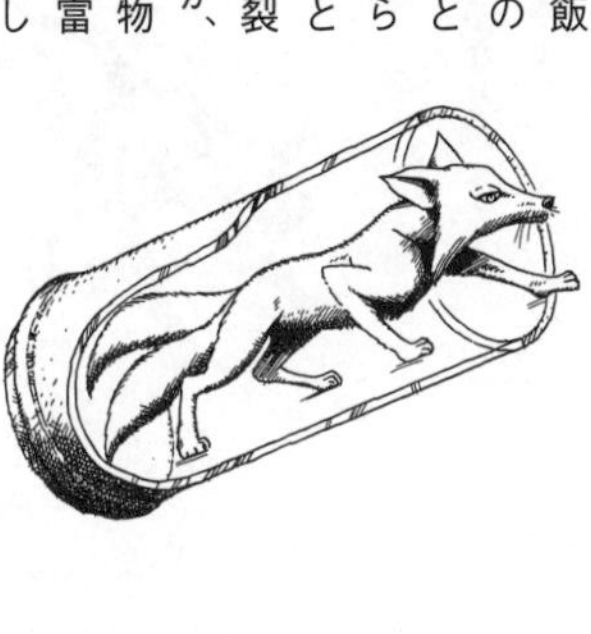

荼吉尼《ダキニ》の法

荼吉尼はサンスクリットの音訳で、本来ヒンドゥ教の女神カーリーの侍女とされる。わが国では荼吉尼の本体は狐とされ、天女が狐に乗っている像がある。荼吉尼は自在の神通力を持ち、人の死を事前に知り、その心臓をとって食べるという。荼吉尼への信仰を誓った者には神通力を授けてくれるが、そのためには自分の死後に心臓を捧げる約束が必要とされる。荼吉尼の法は神霊を特定の人間に憑依させ、未来の出来事の吉凶、勝敗などを託宣したり、病人のためには、その悪霊を憑代《よりしろ》（普通は人形を使う）に乗り移らせて呪縛し、病気を取り除く方法などがある。

荼吉尼の法の修行には真言を十万遍唱えるというような苦行があり、それが成就すると空中飛行をはじめ、あらゆる魔術が可能という。ちなみに関白・藤原忠実（一〇七八～一一六二）はこの方法で栄達し、平清盛もこの魔術を修行したという。密教系の魔術だ。

日本中のあらゆる魔術をここで知ることができた。ここに集まった魔術師たちは皆、それぞれの魔術法の代表者なのである。ケンは彼らのネットワークの良さにはびっくりさせられた。朴子が修験道の能登別当にひとこと話しただけで、日本の津々浦々から数日足らずで、その道の指導者たちが顔を揃えることができるのだから。

阿尾捨法《あびしゃほう》
〝荼吉尼の法〟の別名。阿尾捨はサンスクリットで「乗り移らせる」つまりは憑依するという意味がある。

摩利支天秘密成就法

次に鎧兜で武装した、いかにも古武士といった顔だちの老人に紹介された。

「ケン、このご老人は摩利支天秘密成就法《まりしてんひみつじょうじゅほう》を会得されているんだ」

老人はケンに向かって丁寧に挨拶してから、こう語った。

「おぬしは若いのに相当な修行を積まれたというではないか。わしからも戦陣で役立つ術を伝授いたそう」

老人が教えてくれたのは〝摩利支天秘密一印隠形大法〟というもので、両手で大金剛印という〝印〟を結び、真言を次のように唱える。

「オンマリシエイソハカ」

これを七回繰り返せば天魔や悪鬼、外道を寄せつけず、行者の姿も見えなくなるという。さらに、もっと簡単な〝摩利支天兵法九字秘密法〟というものも教えてくれた。これは武士が敵陣に臨む前に、必ず実行しなければならない心構えの呪文だ。一般には〝九字を切る〟といわれる。刀印といって、右手の人指し指と中指を立て、空中に横、縦、横、縦と交互に九回線を引く動作をしながら、それぞれ

「臨、兵、闘、者、皆、陣、裂、在、前」

と唱えるのである。武士の勇気を奮い起こし、傷を負うことなく手柄が立てられるという呪文だ。

ケンは〝印〟というものに興味を持った。

「正しくは〝印相《いんぞう》〟と申してな。本来は密教の諸仏像の手が示しているものじゃ。仏像と同じ印を結ぶことで、その仏なり菩薩の霊力を自分のものにすることができるんじゃよ」

老人はケンに親切に説明してくれた。

摩利支天秘密成就法《まりしてんひみつじょうじゅほう》

摩利支天はサンスクリットで「マリーチ」の写音。太陽光線という意味があり、漢訳では「陽炎《かげろう》」の意味。天女に似た姿で表され、像は三つの頭と六本（または八本）の腕を持ち、猪に乗っている。〝この神は太陽や月の前を行き、姿が見えず、捉えられず、害されることがない〟と説かれることから、摩利支天に信仰を捧げると一切の厄難から身を護り、姿を隠す術を会得するとされ、武士たちの守護神的存在になった。

摩利支天の呪法にはいくつかあるが、本書で紹介した「摩利支天兵法九字秘密法」いわゆる「九字の法」は武士が敵陣に臨む前に必ずおこなったもの。九文字は真言の教義にある〝金剛界の九会〟〝胎蔵界の九尊〟にのっとったものである。

このほかに「摩利支天秘密一印隠形大法」というのは〝大金剛印〟という印を結びながら「オンマリシエイソハカ」という呪文を七回唱えて、隠形印を結んで同じく呪文を百八回唱える。こうすると悪霊から身を護り、行者の姿も見えなくなるという。

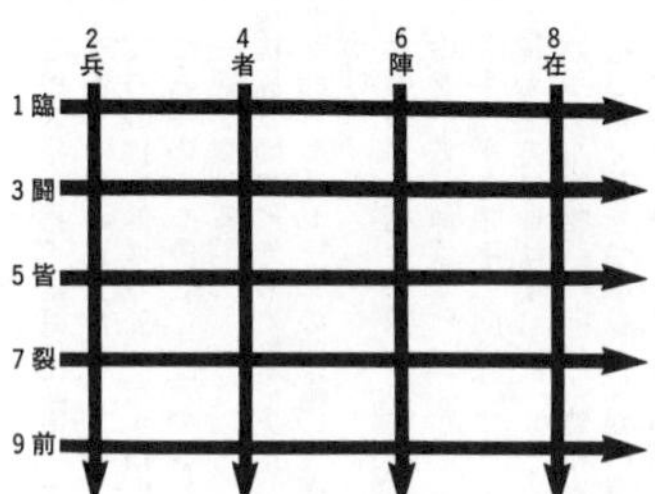

九字の切り方

刀印（右手）

印相《いんぞう》

サンスクリットのムドラー（Mudra＝封印、印章）の訳。印契《いんげい》、密印、あるいは簡単に〝印〟という。古代インドの宗教儀式に使用された指の組み方に由来し、仏教では仏や菩薩の悟り、誓願の内容を示すものとされている。仏像や菩薩像も、それぞれの印相を示している。真言宗では、修行者が仏と同じ印相を結ぶと仏の悟りの境地を共有し、仏と一体になれるとして重要視している。

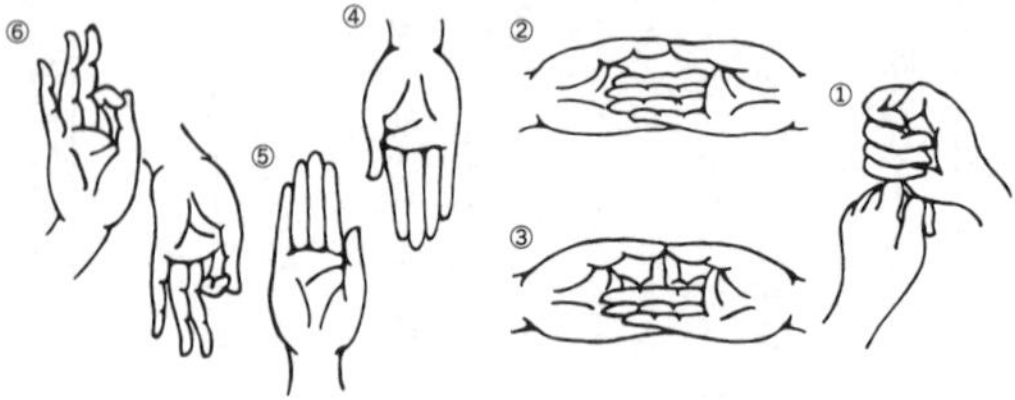

①智拳印《ちけんいん》　左手人指し指を垂直に立て、それを右手で包み込む形。

②法界定印《ほうかいていいん》　左右の指を伸ばして、左手指の上に右手の指を置き、両方の親指の先端をつける。

③弥陀安印《みだあんいん》　法界定印の形をした後、人指し指を曲げてそれぞれの親指の先端につける。

④与願印《よがんいん》　右手の平を相手に向け、すべての指を下方に伸ばす。

⑤施無畏印《せむいいん》　右手の平を相手に向け、すべての指を上方に伸ばす。

⑥安慰印《あんいいん》　右手の平を相手に向け、親指と人指し指で輪をつくり、ほかの指は上に向けて伸ばす。左手も同様にして下に向ける。

神通力／密教魔術

「ところでケン、おまえは神通力《じんつうりき》というものがわかるかな」

陰陽師の質問にケンははにかみながら答えた。

「神さまと同じような能力を持つということでしょう」

「その通りだが、もっと正確に教えてやろう。これには〝六神通〟というのがある。神《しん》足通《そくつう》はどんな場所でもたちどころに移動できる能力のことだ。天眼通《てんげんつう》はあらゆるもの、森羅万象を見通すことができる能力。天耳通《てんにつう》はどんな小さな声でも、遠くの声でも聞くことができる能力だ。他心通《たしんつう》は他人の心を読み取れる能力、つまりおまえの友達と同じ力のことだ。さらに宿命通《しゅくみょうつう》というものがある。すなわち過去、未来の出来事が手に取るように知ることができる能力だ。そして最後に漏尽通《ろじんつう》という能力がある。これは煩悩が尽きて、解脱したことを確認できるんだ。わたしは、この漏尽通こそもっとも大切な神通力だと思っている。わかるかな……」

ケンはなんとなくわかるような気がした。そのとき、ひとりの老人がケンに近づいてきた。周囲の魔術師たちは老僧に丁寧に挨拶している。薄汚れた袈裟を身にまとった老僧は、この魔術師たちに会釈しながらやってくる。陰陽師がケンに小声で話す。

「ケン、あのお方は円窓大師といって、密教魔術の達人なんだ。日本中の魔術師たちは多かれ少なかれ、あのお方の指導を受けている。いわば重鎮だ。失礼のないようにな」

円窓大師がケンの前に来た。ケンは緊張して挨拶し、ナナを紹介した。

「まあ、そんなに緊張せんでもよいわ。会いたかったぞ、ケン。おまえのことは以前から知らされておった。エジプトやイギリス、ギリシャそれにわが密教の故郷インドなどで相当な修行を積んだようだな。そうそう、朴子さまの指導も受けたとか……。わしはたいした力もないが、できるかぎりの手助けをしてやろうと思っとる」

大師はケンを小部屋に案内して、人払いをした。

「おまえは*二〝百鬼夜行《ひゃっきやこう》〟というのを知っとるか。ありとあらゆる種類の妖怪や悪鬼たちが群れをなしてやって来ることじゃ。今晩あたり、おそらくそれが見られるだろう。たいていの人間は、一目見ただけで腰を抜かしてしまうじゃろうが、おまえさんはだいじょうぶだな……。密教の教えのなかで、おまえの役に立つものを教えてやろう。虚空蔵求聞持《こくぞうぐもんじ》法《ほう》という術がある。これは空海（弘法大師）さまが学僧時代に修行なさったものだ。普通は百日間修行して完成するんじゃ。これを修めれば記憶力が抜群になる。経文を閉じたままでも内容が理解できるし、見聞きしたものは絶対に忘れることがない。さらに、神通力までもがみずからのものになるという、ありがたい修行なんじゃ。おまえはすでに多くの術を修行した身であるし、わしも力添えをするから、さっそくやってみるとしよう」

密教〈古代インドの呪術を伝承〉

仏教の流れのひとつで、その教義を広く民衆に開放することを旨とする顕教《けんぎょう》に対して、秘密の教義と儀礼を持ち、師から弟子へと奥義を伝承する仏教を密教という。古代インドにあった呪術が仏教に吸収され、次第に体系化したものといういい方もできる。七世紀後半に、この思想は断片的に日本に入り、奈良時代には〝雑密《ぞうみつ》〟といわれる密教が全盛期を迎えた。雑密は呪文によってさまざまな魔術的効果を得ようというもので、非常に呪術的傾向の強いものだった。しかし、八〇四年に入唐した最澄（伝教大師　天台宗の開祖　七六七〜八二二）と空海（弘法大師　真言宗の開祖　七七四〜八三五）によってはじめて体系的に密教が伝えられた。ふたりの僧のうち、とりわけ空海は独自の真言密教を完成させ、精力的な布教活動をおこなった。高野山を開いて修行道場とし、京都の東寺を〝真言宗〟の根本道場としたほか、各地に拠点をつくるなど、日本文化そのものを大きく発展させた人物である。鎌倉時代になると関東一円にまで広まった。

空海の興した真言宗の教義は、歴史上の釈迦仏を超えて、宇宙そのものを仏として、その象徴的な姿である大日如来を主尊とし『大日経』『金剛頂経』などを主要な教説とした。この世界で起こるあらゆる現象はすべて宇宙という大きな生命の意志ととらえるのである。〝即身成仏〟という教えがある。これは死後の世界を目的とした修行などではなく、生身の人間の肉体のまま、この世の真実の姿に目覚めるという密教のもっとも重要とされる思想である。

密教の基本的な修行法は「三密」と呼ばれる。修行者は手に「印相」を結び、口では「真言」「陀羅尼」を唱え、心を「三摩地《さんまじ》」の境地に入らせることである。

虚空蔵求聞持法

正式には「虚空蔵菩薩求聞持法《こくぞうぼさつぐもんじほう》」という。これは人間の記憶力を数百倍に高め、さらには魔術能力をも増強させるという密教の修行法。虚空蔵菩薩は「虚空がなにものによっても破壊されることがない」ほどまさっていることから、宇宙のすべての知恵、福徳の所有者であり、人々に幸福を授ける能力の持ち主とされる。求聞持法はこの虚空蔵菩薩を主尊として百日の間、不眠不休で呪文を唱えることによって成就するとされる。大切なのは百日目の朝である。天体の星がすべて、修行者に向かって降りそそぎ、明星（金星）が口の中に入ってくる体験を得たら、この修行が成就した証拠となる。真言宗の祖・空海も室戸岬でこの行をおこなった結果、書物を目の前にしただけでその内容を理解できるようになったという。

この修行法を簡単に紹介しよう。静寂で東、南、西の三方が開けた場所を選び、白い布に直径五十センチほどの円を描き、そのなかに虚空蔵菩薩像を書き込む。この布を西か東の方角に掛け、修行者は東に向かって座す。修行の実施に際しては黄色の衣をまとい、水晶か琥珀の数珠を持つ。また、酒や塩は厳禁で、匂いの強い食物を口にしてはならない。そして、真言を百日間に百万回唱えるのである。

真言は『南牟　阿迦捨　掲婆耶　唵阿唎迦　麼唎　慕唎娑婆訶』（発音はノウボウ　アキャシャ　ギャラバヤ　オンアリキャ　マリ　ボリ　ソワカ）。

孔雀明王《くじゃくみょうおう》

孔雀王母菩薩《くじゃくおうぼぼさつ》、孔雀仏母ともいう。インド発祥の神で、孔雀が毒蛇の天敵であることから神格化した。一般には四本の腕を持ち、孔雀に乗った姿で表される。密教ではこの神を念じ、陀《だ》羅尼《らに》（真言、経典に記されている呪文のこと）を唱えると、絶大な魔術効果が発揮され〝孔雀明王呪法〟と称された。熱病、疼痛を和らげ、厄除けや魔除け、さらには天変地異を鎮め、空中飛行を可能にするといわれる。役の行者がこの魔術のオーソリティとされる。

降雨魔術の達人・空海

真言宗の開祖である空海には、その超能力に関する多くの伝説が残されている。そのなかで、彼の名声を高めるきっかけとなった降雨術に関するエピソードを紹介しよう。八二四年のこと、淳和天皇が降雨祈禱を空海に命じたが、当時の空海のライバルであった守敏大徳という僧が「自分に先に祈禱させてほしい」と願い、七日間の降雨祈禱をおこなった。しかし、ほんのすこし雨を降らせただけという結果に終わった。次に空海の番がまわってきた。空海もまた七日間の祈禱をしたものの、雨の降る兆候も見られない。そこで彼は心の眼で天界を凝視すると、降雨をつかさどる役目の龍神が水瓶に封じ込められているのが見えた。ライバル守敏が自分の失敗を隠すために呪術を使ったのだ。しかし、よく見ると善女龍王という龍だけが守敏の呪術を避けていることがわかった。そこで空海はさらに二日間の猶予をもらい、善女龍王に祈った。その結果、激しい雨が降ってきたのである。これに成功して以来、空海と門弟たちは降雨魔術についてはオーソリティと評価されるようになった。

円窓大師の弟子たちによって、祭壇が用意された。虚空蔵菩薩《こくぞうぼさつ》像の前で真言を唱えることと数時間にわたった。これを短時間でおこなうには常軌を逸した集中力が要求される。ケンは必死になって耐えた。そして、ついに力尽きて昏倒してしまった。ケンは夢を見た。……満天の星空だった。この世のものとは思えないほど美しい星空を見上げていたら、天空にあるはずの星がひとつずつケンに向かって降ってきた。恐怖感はなかった。むしろ星のエネルギーが身体の中に浸透していくような、恍惚感があった。

目が覚めると、大師が質問した。

「それでおまえ、夢を見たかね」

悉曇《しったん》文字

悉曇とはサンスクリットという意味で、わが国では悉曇文字を梵字《ぼんじ》書体という。母音（摩多＝マーター）が十六字、子音（体文＝ヴィヤンジャナ）が三十五字ある。この文字は四～五世紀のインドで使用されたグプタ（Gupta）文字の系統に属する。真言密教では、とりわけ文字とその発音に霊的意味があると重要視され、教義のシンボル的存在となった。もちろん、悉曇文字そのものが霊力のある護符としての役割を持っている。（〝阿〟項目、三百四十三頁参照）

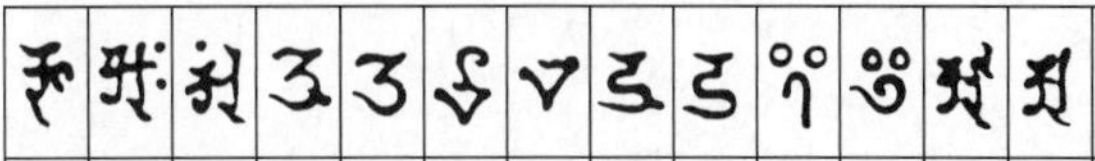													悉曇
ṛ	aḥ	aṃ	au	o	ai	e	ū	u	ī	i	ā	a	ローマ字
リ	アク	アン	ウオウ	ウオウ	アイ	ウエイ	ウー	ウ	イー	イ	アー	ア	中国読み
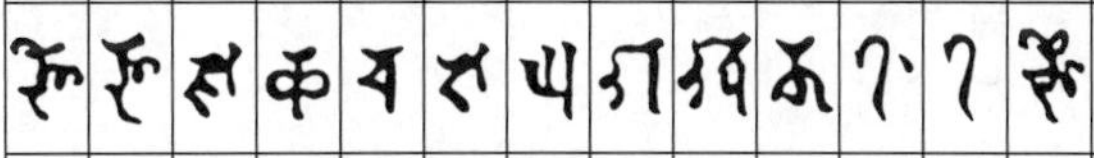													悉曇
n̄a	jha	ja	cha	ca	na	gha	ga	kha	ka	ḹ	ḷ	ṝ	ローマ字
ジャウ	ジャ	ジャ	シャ	シャ	ギャウ	ギャ	ギャ	キャ	キャ	リョ	リョ	リ	中国読み
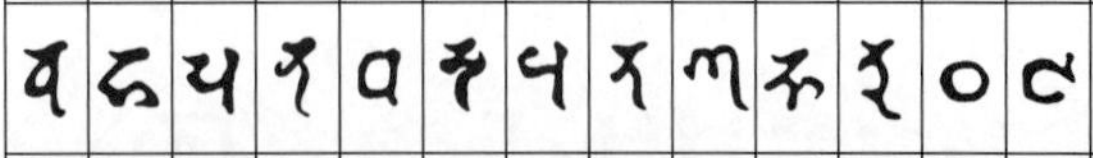													悉曇
ba	pha	pa	na	dha	da	tha	ta	ṇa	ḍha	ḍa	ṭha	ṭa	ローマ字
バ	ハ	ハ	ナウ	ダ	ダ	タ	タ	ダウ	ダ	ダ	タ	タ	中国読み
													悉曇
	kṣa	llaṃ	ha	sa	ṣa	s̄a	va	la	ra	ya	ma	bha	ローマ字
	キシャ	ラン	カ	サ	シャ	シャ	バ	ラ	ラ	ヤ	マウ	バ	中国読み

ケンは夢の内容を詳細に報告した。大師は満足げにうなずいていった。

「よしよし、成就したぞ。たいした若者じゃ」

大師はケンに語りつづけた。

「もうひとつ教えよう。これはいますぐにというわけにはいかんが、まあ、機会があったら試してみることじゃ。けっして無駄にはなるまいて」

それは〝孔雀明王呪法〟というものだった。この修法は密教四箇大法のひとつといわれ、天変地異を鎮め、病魔を退散させたり、空中飛行を可能にするなど、オールマイティの魔術ともいえるものだ。所定の作法に則って孔雀明王を拝し、孔雀経を唱することによって得られるという。

それから、大師はケンの額にある第三の

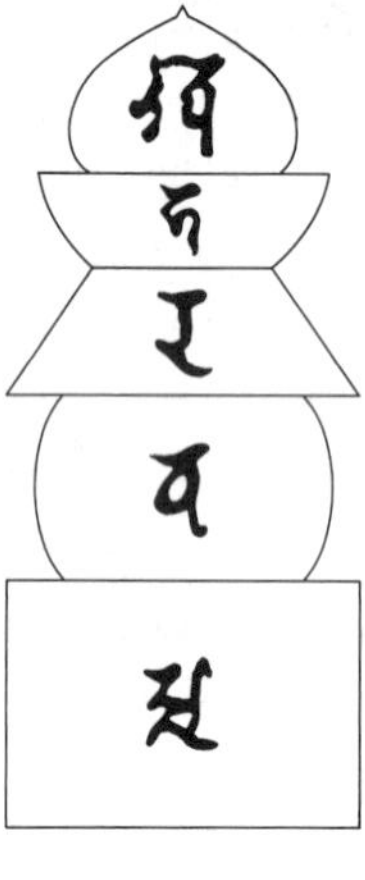

■五輪塔《ごりんとう》

真言宗の寺院などで目にする石塔〝五輪塔〟は密教の教義を具象化した重要な意味のあるものだ。宇宙（大日如来）の象徴であるとともに〝観法（仏法の真理を心のなかで会得する修行法）〟の対象でもある。五輪塔のそれぞれの石の形は宇宙を構成する要素とされる五大（空、風、火、水、地）を意味し、それぞれ五つの悉曇文字が記されている。これは修行者の頭上、眉間、胸、臍、尿道に相当するとされ、修行者はこの五輪塔を身体全体で意識するという観法（五大観）によって宇宙的存在となることができるとされる。

眼の上部に墨で黒々と不思議な文字をひとつ書いた。「これは悉曇文字《しったんもじ》といってな、密教ではたいへんにありがたい護符じゃ。阿《あ》と読む」

■阿《あ》

サンスクリットの第一番目の文字である「阿」は、密教ではたいへん重要な言葉だ。この世に存在するすべてのものの源という意味を持ち、大日如来と同一視して考えられた。

「阿字観《あじかん》」という密教の修行法がある。これは、行者の目の前一メートルほどのところに黒地に白く、満月を意味する円を描いた布を置く。そして、円の中央に悉曇文字で「阿」字を記すのである。満月は行者自身のなかにある清浄な心、つまりは〝仏性《ぶっしょう》〟を目覚めさせるもので、「阿」は大日如来、つまりは宇宙生命そのものとの合一をはかるという修行法だ。

＊一 熊野大社 和歌山県熊野地方にある本宮、新宮、那智の三か所の神社の総称。熊野は古代から〝霊魂の籠る地〟とされ、神秘的な伝承も多い。十世紀には「熊野で死者の霊に会える」等の熊野信仰が貴族から庶民にまで広がり、熊野詣《もうで》が大流行した。〝熊野〟は、現在も日本の代表的な修験道のメッカのひとつである。

＊二 百鬼夜行《ひゃっきやこう》 夜中に鬼などの妖怪が列をなして歩いていること。夕方から明け方までが、妖怪の活動時間と考えられた。

シーン 21

最後の決戦

リュウとの再会

夜更けになった。満月が山の峰を照らし、顔も判断できるような明るさだった。

「いよいよ、奴らが攻撃してくるようだ」

朴子がいった。密教の円窓大師をはじめ、陰陽師・安倍多寡麿、修験道の能登別当、飯綱使いやさまざまの魔術師たちが緊張した面持ちで北の空をにらんでいる。ナナが小声でケンに囁いた。

「現れたわ、妖気を感じるの。十や二十じゃない、すごくたくさんの悪霊たちがこっちに向かってくる」

生臭い風が吹き出した。ケンが気配を感じて後ろを振り向くと、エジプトのダーシモンが仲間を連れていた。そればかりではない、イギリスのワトスン導師や巨人族、侏儒族、それにシャンバラ王国のロプサン師もいた。皆、この戦いのために熊野にやってきたのである。

親しい顔に挨拶する間もなく、戦いが始まった。さっきまで静寂だった夜空いっぱいに得体の知れない魔物たちが密集している。雷が鳴り、稲妻が光り、暴風となってケンたちの頭上に吹き荒れだした。上空の魔物たちが一気に急降下をはじめ、味方が応戦のために飛翔を開始した。戦いは一気に全面攻撃の様相となり、敵味方入り乱れて激しい攻防となった。

テューポーンを包囲し、攻撃する巨人族はさすがに身体が小さく見える。ロンドンの魔術武器管理人オットーは何種類もの武器を身につけて、獅子奮迅の働きだ。周囲の魔獣たちが次々と倒されていく。土蜘蛛が侏儒族のチームワークの乱れに乗じて、何人かを餌食にしている。朴子はあの妖獣、アスモデウスとにらみ合ったまま微動もしない。ラークシャサの群れを相手にしているのは、ダーシモンたちの一族だ。陰陽師の安倍多寡麿が鬼神たちに命令を下している。円窓大師の秘術をまともに受けたカバンダは、爆弾の直撃を受けたように、粉々に吹き飛ばされた。能登別当は空中の悪魔鳥たちに狙いをつけ、験力で次々と撃ち落としている。

何匹かの魔獣を倒したケンの前に、懐かしい顔が立ちふさがった。蒼白な顔つきではあるが、間違いなくリュウだ。死んだと思ったリュウに、こんな場所で会えるとは思ってもみなかったケンは、声をかけた。

「リュウ、生きていたんだね。うれしいよ、ぼくはてっきりきみが死んだものとばかり思っていた」

手を差し延べようとするケンに向かって、リュウはいきなり長剣を振ってきた。切っ先がケンの左腕を傷つけた。

「まって、ぼくだよ、リュウ。敵じゃないんだ」

しかし、虚空を見つめたままのリュウは、声が聞こえないかのようにケンに立ち向かってきた。まるで機械仕掛けの人形のようにぎごちない。闘争心だけがリュウの身体に息づいているようだ。執拗な攻撃に、ケンはたちまち窮地に追い込まれた。そのとき、ロプサン師がリュウの額をめがけて数珠を投げつけた。リュウはその場で昏倒した。うろたえるケンの心にナナが話しかけた。

〝ケン、その人はアーリマンに心を奪われているの。アーリマンを倒しさえしたら、また元のリュウに戻れるわ〟

それから、ナナは必死になってリュウの心に訴えつづけた。

ナナの声で冷静さを取り戻したケンは、アーリマンを探した。戦いの中心に翼を持った若い男がいた。その女性的な顔だちは、残忍極まりない連中の仲間とは思えない。しかし、ケンを見つめる視線は凍りつくように冷酷だ。それを見た瞬間、ケンはその男こそ〝闇の軍隊〟の総帥アーリマンに間違いないと確信した。そして、自分の魔術のすべてを出して男に攻撃をかけた。……何時間、戦っただろうか。ケンは身体中にいくつもの傷を受けていた。この程度でいられるのは、いままでの魔術修行の成果のおかげだと思った。それに、円窓大師が額に書いてくれた護符や、ワトスン導師が作ってくれた魔法陣が影響しているに違いない。さもなくば、とっくに死んでしまっただろう。ケンは彼らに感謝した。一方のアーリマンもケンほどではないが傷ついている。朴子が呼び寄せた占風師が大声をあげている。

「風がかわったぞ！　味方に吉兆が見えた。この戦いは勝てますぞ。よろしいかな皆さん、攻撃の手を休めてはいかん。我が軍はいま、勝利に向かっている！」

この声が味方に勇気を与えた。一進一退の攻防戦、まるでいつ終わるかも知れない泥沼の戦いに光明が見えたのだ。不思議なことにケンの身体のなかの、鉛のような疲労感が消えていく。ケンの攻撃にスピードが増加した。たじたじとなったアーリマンの蛇のような眼がケンを見つめてつぶやいた。

「くそっ、おまえのような奴にわたしの計画が阻止されるとは……。いいか、これで終わりではない、かならず陣営を建て直してやってくるからな」

アーリマンが口をすぼめて、笛のような音を吐き出した。低く、地の果てまでも響きわたる音に、悪霊たちが反応した。溢れるような殺気が次第に薄れ、彼らの眼から光が消える。

まるで潮が引くように悪魔たちが消えていった。黒雲が消え、風は穏やかになり、満月が姿を見せた。……夜空にもとの静けさが戻った。

ケンの腕に抱えられたリュウの表情に血の気が戻ってきた。

「やあ、ケン。久しぶりだね」

長い眠りから覚めたような口調だ。

「ああ……」

ケンは言葉が出なかった。

「ところで、ぼくたちの旅行はもう終わったのかい」

「そうとも。もう終わったよ。たぶんね」

魔術師たちが静かに引き上げていく。朴子がケンの肩を叩いた。

「また、いずれな」

ナナがケンの頬に軽く口づけしてささやいた。

〝わたしはあなたの勇気をとっても誇らしく思うわ。今度会うときは世の中がもっと平和だといいわね。それまで元気でいてね〟

ナナの目が潤んでいた。

ケンはリュウを支えながら山道を下った。そして、もう帰ってしまったナナに向かってつぶやいた。

〝ナナ、きっとまた会おう。ぼくはまた平凡な高校生に戻る。魔術のことなんか何も知らない、ただの高校生にね。でも、きみにはきっと会えるときがくる。そんな予感がしてならないんだ〟

長い夜がようやく明けてきた。東の空に太陽が昇ってくる。

「さあ、家に帰ろう。きっと心配しているよ」

ケンはリュウに語るように、自分に話しかけた。

※太字のページ数は、その項目をコラムなどで詳しく扱っているページです。

■あ■

参考文献

●辞書、事典類

世界宗教大事典／平凡社

イメージ・シンボル事典／アド・ド・フリース 著　大修館書店

神話・伝承事典／バーバラ・ウオーカー 著　大修館書店

動物シンボル事典／J.P.クレベール 著　大修館書店

中国象征辞典／天津教育出版社

日本仏教語辞典／岩本裕 著　平凡社

世界神秘学事典／荒俣宏 著　平河出版社

中国神話伝説辞典／上海辞書出版社

神秘のオカルト小辞典／B.W.マーチン 著　たま書房

宗教辞典／上海辞書出版社

●魔術関連書

神託／P.ファンデンベルグ 著　河出書房新社

幻・密・魔／鈴木一郎 著　三一書房

中国の呪法／沢田瑞穂 著　平河出版社

悪魔の事典／フレッド・ゲティングズ 著　青土社

魔法 その歴史と正体／K.セグリマン 著　平田寛 訳　人文書院

薔薇十字会の神智学／R.シュタイナー 著　西川隆範 訳　平河出版社

中国古代の占法／坂出祥伸 著　研文出版

世界の占星術とオカルチストたち／山内雅夫 著　自由国民社

秘儀参入の道／R.シュタイナー 著　平河出版社

魔法修行／W.E.バトラー 著　平河出版社

パリのメスマー／ロバート・ダーントン 著　平凡社

オカルト／コリン・ウィルソン 著　平河出版社

Encyclopedia of Magic & Magicians／学研

未知への事典／コリン・ウィルソン 他編　平河出版社

妖精世界／G．ホドソン 著　コスモ・テン・パブリケーション
アースワークス／ライアル・ワトソン 著　筑摩書房
ゾロアスター教の悪魔払い／岡田明憲 著　平河出版社
妖精とその仲間たち／井村君江 著　河出書房新社
求聞持聡明法秘伝／桐山靖雄 著　平河出版社
サイキック・アニマルズ／デニス・バーデンス 著　草思社
シャンバラへの道／エドウィン・バーンバウム 著　日本教文社
占いと神託／M．ローウェ他編　海鳴社
魔の世界／那谷敏郎 著　新潮社
邪視／F．T．エルワージ 著　リブロポート
道教の神秘と魔術／ジョン・ブロフェルド 著　ABC出版
魔術／フランシス・キング 著　平凡社
黒魔術の手帳／澁澤龍彦 著　河出書房新社
古代の密儀／M．P．ホール 著　人文書院
秘密の博物誌／M．P．ホール 著　人文書院
魔法修行／W．E．バトラー 著　平河出版社
魔女狩り／森島恒雄 著　岩波書店
妖術師・秘術師・錬金術師の博物館／グリヨ・ド・ジヴリ 著　法政大学出版局
捜神記／干宝 著　平凡社
抱朴子／葛洪 著　平凡社
パラケルススの世界／種村季弘 著　青土社
密教呪術入門／中岡俊哉 著　祥伝社
ジプシーの魔術と占い／C．G．リーランド 著　国文社
妖術／ジャン・パルー 著　白水社
呪術／J．A．ロニー 著　白水社
エピソード魔術の歴史／G．ジェニングス 著　社会思想社
魔術の歴史／J．B．ラッセル 著　筑摩書房
魔女／ミシュレ 著　現代思想社
ルネサンスのオカルト学／ウェイン・シューメイカー 著　平凡社

魔術師／M．マーヴィック 著　未来社
黄金の夜明け／江口之隆 他著　国書刊行会
古代エジプトの魔法／E．A．ウォリス 著　平河出版社

●神話・伝説
アーサー王伝説／リチャード・キャヴェンディッシュ 著　晶文社
神話の系譜学／P．M．シュール 他著　平凡社
ケルト神話／プロインシァス・マッカーナ 著　青土社
屍鬼二十五話／ソーマデーヴァ 著　平凡社
ギリシャ神話／呉茂一 著　新潮社
エッダとサガ／谷口幸男 著　新潮社
世界の神話伝説／自由国民社
ケルトの神話／井村君江 著　筑摩書房
世界最古の物語／H．ガスター 著　社会思想社
桃源郷とユートピア／杉田英明 編　平凡社
インド神話／ヴェロニカ・イオンズ 著　青土社
女神たちのインド／立川武蔵 著　せりか書房

●その他参考書
ガマの油からLSDまで／石川元助 著　第三書館
迷宮幻想／岡本太郎 編　日本ブリタニカ
中国の妖怪／中野美代子 著　岩波書店
道教／福井康順 他監修　平河出版社
道教百話／窪徳忠 著　講談社
道教の神々／窪徳忠 著　日本放送出版協会
中国道教史／上海人民出版社
太平広記／中華書局
酉陽雑俎／段成式 著　平凡社
タオ／フィリップ・ローソン 他著　平凡社
タントラ／フィリップ・ローソン 著　平凡社
鬼の日本史／沢史生 著　彩流社
密教入門／桐山靖雄 著　角川書店
金枝篇／J．フレイザー 著　永橋卓介 訳　岩波書店
仏教経典の世界／自由国民社
密教とマンダラ／頼富本宏 著　日本放送出版協会

知のマトリクス／D.ファーリー 他著　平凡社
90万年の叡智／荒俣宏 著　平河出版社
幻獣辞典／ホルヘ・ルイス・ボルヘス 他著　晶文社
修験道の精神宇宙／内藤正敏 著　青弓社
世界宗教史（1、2、3）／M.エリアーデ 著　筑摩書房
世界最後の謎／リーダーズダイジェスト
ミステリアス・ケルト／ジョン・シャーキー 著　平凡社
空想動物園／A.S.マーカタンテ 著　法政大学出版局
異人論序説／赤坂憲雄 著　筑摩書房
シンボルの誕生／山下主一郎 著　大修館書店
ミステリーゾーンに挑む／リーダーズダイジェスト
夢／D.コクスヘッド、S.ヒラー 著　平凡社
スーフィー／L.バフティヤル 著　平凡社
エジプトの神秘／L.ラミ 著　平凡社
アタルヴァ・ヴェーダ讃歌／辻直四郎 訳　岩波書店
山の宗教／五来重 著　角川書店
東西不思議物語／澁澤龍彦 著　河出書房新社
インド曼陀羅大陸／蔡丈夫 著　新紀元社
ケルト幻想物語／W.B.イエイツ 著　筑摩書房
カーストの民／J.A.デュボワ 著　平凡社
ヨーガの思想／番場一雄 著　日本放送出版協会
古代思想／中村元 著　春秋社
原始仏教／中村元 著　日本放送出版協会

あとがき

本書のなかで〝世界観〟や〝宇宙観〟という言葉があちこちで登場しました。この欄を借りてすこし解説したいと思います。

世界観、あるいは宇宙観というのは、世界の成り立ちや仕組みについてのはっきりとした図面といえます。したがって、世界観や宇宙観を持つことは、そのなかに生きるわたしたちの場所を明らかにしてくれます。いわば座標軸を与えてもらうことです。大海の真っ只中になげだされたとき、夜空に輝く北斗七星や南十字星のように、自分の進む方向を示してくれるのです。つまりは自分自身のための羅針盤といえるでしょう。思想や宗教もそうした目的を持つものです。新興宗教やオカルトがブームなのも、こうした理由だと思います。しかも、既成の思想や宗教のように手垢に汚れていない、新鮮な世界観です。いままでにない未知数の可能性を秘めています。だから、若者が関心を示すのは当然なのです。

優れた魔術師はみな、優れた世界観の持ち主だと思います。多くの人々からみれば、ほんのマイノリティ（少数派）であり、科学的論理もあいまい、さらには荒唐無稽とも思われる彼らの世界観は差別され、冷笑のなかで研ぎ澄まされたのでしょう。そうした圧力に耐えるなかで、強靭な精神力を養い、それを魔術修行に役立てていったのです。

現代は個性を持つことが大切だといわれます。個性とは姿形の特徴やものの好みを指す言葉ではありません。自分なりのものの考え方のことです。世界観といってもいいでしょう。それは教わるものではなく、自分自身の目や耳、頭で構成するものです。だから人とおなじ個性を持つことなどあり得ず、また、ブームに影響されるはずもありません。

より個性的な自分自身の世界観を持つうえで、ひょっとしたら本書が役に立つかも知れないと思います。本書に紹介する魔術はみな、ユニークな世界観に裏付けられたものだし、魔術師たちは偏見を恐れずに自分の世界観を貫いたからです。他人に笑われようと自分の立場を堅持する姿勢、そうした勇気こそが大切だと思うのです。……ちょっと固くなりましたが、本書を読んでくださる読者にエールを贈りたくなりました。

なによりも、好奇心に忠実であれ。

一九九三年三月

真野隆也

この作品は、一九九三年四月に単行本として新紀元社より刊行されました。

文庫版あとがき

西欧と東洋を比較すると、自然観が大きく異なると思われる。西欧では、自然は人間が制御すべき対象ととらえる。なぜなら、キリスト教の神が人類の祖アダムを創造した際に、動植物をはじめ、すべての被造物を支配するよう、人間を位置づけたからだ。

一方の東洋では、自然は恐るべき脅威として存在する。「神」という漢字は、雷をなだめるための祭壇を意味する。あの東日本大震災で、日本人が示した秩序と落ち着きは西欧人を驚かせた。しかし「自然と共生し、自然の脅威を受け入れる」という日本人の、ひいてはアジア人の自然観からすれば、しごく当然の反応なのである。

自然の威力に抵抗するのではなく、柔軟に受け止めるのである。魔術もまた、自然力の応用という側面を持つ。その意味では、このしなやかな姿勢こそが魔術を受け入れ、魔術師を志すための重要な素質といえるだろう。

真野隆也

Truth In Fantasy
魔術への旅

2012年9月9日　初版発行

著者　真野隆也
編集　弦巻由美子／堀良江／新紀元社編集部

発行者　藤原健二
発行所　株式会社新紀元社
〒160-0022
東京都新宿区新宿1-9-2-3F
TEL：03-5312-4481　FAX：03-5312-4482
http://www.shinkigensha.co.jp/
郵便振替　00110-4-27618

カバーイラスト　丹野忍
本文イラスト　佐藤肇／モリコギト／賀青
デザイン・DTP　株式会社明昌堂
印刷・製本　大日本印刷株式会社

ISBN978-4-7753-1056-4